读懂投资 先知未来

大咖智慧
THE GREAT WISDOM IN TRADING

成长陪跑
THE PERMANENT SUPPORTS FROM US

复合增长
COMPOUND GROWTH IN WEALTH

一站式视频学习训练平台

股票大作手

操盘术

舵手
精译版

How to Trade in Stocks

[美] 杰西·利弗莫尔 / 著

齐克用 / 译

山西出版传媒集团 山西人民出版社

图书在版编目（CIP）数据

股票大作手操盘术 /（美）杰西·利弗莫尔著；齐克用译. -- 太原：山西人民出版社，2024.9.-- ISBN 978-7-203-13360-5

Ⅰ. ① F830.91

中国国家版本馆 CIP 数据核字第 2024FB3728 号

股票大作手操盘术

著　　者：（美）杰西·利弗莫尔
译　　者：齐克用
责任编辑：孙　琳
复　　审：崔人杰
终　　审：贺　权
装帧设计：卜翠红

出 版 者：山西出版传媒集团·山西人民出版社
地　　址：太原市建设南路 21 号
邮　　编：030012
发行营销：0351-4922220　4955996　4956039　4922127（传真）
天猫官网：https://sxrmcbs.tmall.com　电话：0351-4922159
E－mail：sxskcb@163.com　发行部
　　　　　sxskcb@126.com　总编室
网　　址：www.sxskcb.com

经 销 者：山西出版传媒集团·山西人民出版社
承 印 厂：廊坊市祥丰印刷有限公司

开　　本：710mm×1000mm　1/16
印　　张：11
字　　数：180 千字
版　　次：2024 年 9 月　第 1 版
印　　次：2024 年 9 月　第 1 次印刷
书　　号：ISBN 978-7-203-13360-5
定　　价：48.00 元

如有印装质量问题请与本社联系调换

代序：独立、严守纪律的操盘法则

斯坦利·克罗

当巨大的客机开始降落的时候，我整个人陷入椅背，想着这次趁圣诞节假期到佛罗里达钓鱼的真正目的——我渴望见到一位伟大的同行。我到这里来，是因为他过去也经常到这里来钓鱼，我是来追寻他的足迹的。

可以想象，20世纪20年代，他在股市黄金岁月的模样，高个子、整洁、热情，坐在从纽约驶向佛罗里达快车的窗边。他心里期待着钓鱼，跟好友相聚，放松身心并深思。最重要的是，在华尔街和芝加哥的英勇战役之后，虽然时间短暂，他也得休息一下。他的名字就叫杰西·劳里斯顿·利弗莫尔。

这个世纪，不少才华横溢或幸运的市场交易者，都有过令人兴奋和嫉妒的平仓动作，赚了7位数字的财富，而杰西·利弗莫尔赚到的财富达到了惊人的9位数——富可敌国。我自己也小赚几次，很幸运地能跻身于赚钱高手的行列。但是利弗莫尔这样的人，这个时代只有他一个。他艺高人胆大，买卖时严守纪律，计算精准，独自行动，从来没有一个交易者能超越他。

利弗莫尔于1877年出生在马萨诸塞州什鲁斯伯里的一个贫穷农家，是个独生子。他14岁就出去找工作，在波士顿的一家经纪公司当行情看板填写员，周薪只有3美元。从这个不显眼的工作做起，再加上多年在东海岸的一些投机经纪公司做交易小单当学徒，这位沉默专注的年轻人后来成为20世纪头30

年最令人敬畏的市场交易者。

利弗莫尔的整个宇宙就是价格波动（包括股票和商品期货）和他的最爱——精确地预测这些价格。那个时代最伟大的金融评论家之一爱德华·J.戴斯指出："即使利弗莫尔不名一文，只要经纪商给他一点点贷款，把他关在只有报价机和电话的房间中，在市场活跃几个月后，他又会再富起来。"后来市场验证了这句话。

从1959年我在华尔街打拼开始，利弗莫尔就是我心目中的英雄。我开始钻研价格分析和交易方法，利弗莫尔就是我不曾谋面的教练和导师。与很多投资者一样，他的战术、策略和市场哲学对我影响很大。

利弗莫尔曾写过一句话："市场只有一个方向，不是多头，也不是空头，而是做对的方向。"这个基本理念已经深深铭刻在我心底，难以磨灭。每当看到有人长篇大论，言不达意，过分关注争议，而不谈务实的市场分析和策略时，我就会想到这句话。

与大多数交易者一样，我也常常面临要保留哪个仓位、平掉哪个仓位的决定。在这方面，利弗莫尔通过评述他自己所犯的错误，精辟且到位地给我提供了建议。"我竟然犯了这样的错误，棉花亏了，我还留在手里。小麦赚了，我却把它平掉了。在所有的投机错误中，摊平亏损（抄底）是很大的错误。正确的方向是截断亏损，让利润奔跑。"

不过，利弗莫尔留给投资者最重要的遗产是关于投资目标的整套策略。在交易者越来越依赖强有力的计算机和相关软件的今天，甚至没什么经验的交易者也常根据不断跳动的计算机图形在短线进出，他们很少自己独立研究策略。因此，利弗莫尔操盘的策略尤其重要。

我想带着众多的投资者，包括高手在内，一起领略利弗莫尔的智慧。在华尔街打拼多年，赚了几百万美元，也亏过几百万美元之后，我要告诉你这些。

　　我能赚那么多钱，靠的不是我的想法，而是我的"坐"法。听懂这句话吗？我一直坐得纹丝不动。看对市场正确的一面，根本不算什么大本事。我们总是能看到多头市场里面有不少人很早就做多，空头市场里也有不少人很早就做空。我知道有很多人在恰到好处的时间做对了恰到好处的事情，他们开始买入和卖出的价位，正是最能赚钱的价位。但是他们的经验总是与我一样，也就是说他们根本没赚到钱。那些能够做对方向且能坐得住的人才是高手。我觉得这是最难学的，只有真正懂得这一点的市场交易者，才能赚到大钱。交易者懂得了怎么去交易，赚几百万美元易如反掌，而且比他在不懂得交易时赚几百美元还容易。

　　利弗莫尔最重要的智慧就包含在下面这句话："对我来说，亏钱是最小的麻烦。认亏之后，亏损再也不会困扰我。做错事不认输——才会伤害你的钱包和心灵。"（我总觉得这句话不仅仅指市场交易——也许那正是人生的哲理）

　　交易者若要进入赢家行列，仅有欲望和一厢情愿的想法是绝对不行的。若要成功，投资者就必须实际且客观，务实且守纪律；更重要的是，要独立，并对自己独到的分析和市场策略充满信心。

（摘自斯坦利·克罗《期货交易策略》，山西人民出版社出版）

推荐序：操盘纪律是定海神针

龙　生

　　作为一名职业交易者，我在这里很正式地向广大读者推荐跟杰西·利弗莫尔有关的两本书，一本是《股票大作手回忆录》，另一本是《股票大作手操盘术》，我自己研读了很多遍，是经典，才敢给大家分享。

　　前一本书是记者埃德温·勒菲弗写的，是采访利弗莫尔的传记，在1924年就出版了。这本书几乎是投资界人手一册的投资宝典，通常大家会当故事看。很多人看得激情澎湃，像打了鸡血一样，马上就入戏，幻想自己有一天也像利弗莫尔一样，赚到泼天的财富。我经常就遇到这样的人，并给他们泼冷水，现实会打脸的。因为新手交易者只学到表面的皮毛或一知半解的技术，根本没有学到利弗莫尔的智慧和精髓。还有一个原因，就是没有更好的翻译者和解读者，能够针对中国读者的现状和心态，做好精准翻译，并符合利弗莫尔交易方法和经验的正解，最后能在实战中得到有效的应用。今天我们有福了，舵手图书邀请到华尔街著名利弗莫尔研究专家齐克用老师，他拥有多年实战操盘经验和授课经历，精心翻译了利弗莫尔这两本书。我在这里重点介绍的是利弗莫尔本人亲笔撰写的《股票大作手操盘术》，对它更加偏爱和推崇，希望对大家有所帮助。

为什么我更加推崇利弗莫尔本人所写的《股票大作手操盘术》呢？虽然这是一本薄薄的小书，但浓缩的都是精华，是利弗莫尔的真知灼见。利弗莫尔把他一生的经典战役、案例写在这本小书中，而且将他 1929 年人生巅峰时刻的操盘术、经验、心法都凝聚到这本书中，毫无保留地呈现给广大交易者，可谓苦口婆心，用心切切。齐克用先生作为利弗莫尔交易思想的代言人，积累了华尔街和东南亚 30 多年的实战经验和理论素养，又了解中国市场，翻译这本书，就是为利弗莫尔交易思想注入灵魂，也为中国读者真正读懂利弗莫尔带来了福音。

作为利弗莫尔的铁忠粉丝和读者，我读过利弗莫尔的书不下十遍，今天读到齐克用翻译和解读的新版本，有如找到了知音，真是相见恨晚，所以特别向广大读者推荐。

作为一名机构操盘手，我也走过不少弯路，学了各种技术，其中最稳定、最有效的，当然是利弗莫尔的操盘术和对市场的理解，我在这里不多讲"术"，只讲两点感悟。

第一点，抛弃找圣杯的方法，拥抱不确定性，建立自己的交易系统。

当我们怀着激情与梦想，踏上股票交易的学习之旅时，我们很多人会陷入一种寻找"圣杯"的迷思——包括学习利弗莫尔的各种书籍与技术，很多读者都是想找一种能够确保 100% 成功的圣杯方法，或者是交易秘籍。这种心态往往会导致我们在交易实践中频繁更换方法，却难以实现交易成绩的提升。

我们可能会在初次尝试一种新策略和方法时，因为短期内的成功而感到欣喜若狂。但当市场出现不可预测的波动，导致策略失效时，我们可能会感到失望和沮丧，进而放弃这一策略，转而又去寻求下一个完美的圣杯。这种循环往复的过程，虽然充满了探索的热情，却无助于交易者构建一个稳定的、客观的交易体系。

在交易的世界里，接受不确定性，接受不完美，是一种成熟的态度。我们需要构建一个包含合理止盈、合理止损的机制，拥抱利润，也接受亏损，即使面对市场的不确定性，我们也能够保持冷静，减少大的损失，并从失败中学习，加以改进，慢慢做到盈利，这才是读书和学习最可贵的用处——从书中挖到了宝藏。

最终，克服对完美交易策略的追求，接受并拥抱交易中的不完美，是通向稳定盈利之路的关键。这需要我们不断地学习、实践、反思，并逐步构建起一套适合自己的策略体系，客观、独立，这也正是我们学习利弗莫尔操盘术的精髓。

第二点，遵守纪律，减少交易，等待机会，抓住趋势交易，让利润奔跑。

在我们深入探索交易系统时，不难发现，其中最为关键的一环便是遵守交易纪律——所有交易大师都在强调这一点，包括江恩、利弗莫尔、格雷厄姆、克罗、巴菲特等。我们很多散户和交易新手，初涉股市时，就已经接触到了诸如利弗莫尔资金守则和趋势交易、江恩24条军规等纪律性原则，但很多人看完书，马上就把书丢在一边，书上的道理和告诫置若罔闻，还是觉得技术和指标最吃香，认为这才是王道，凭借厉害的技术就能征服市场。然而，现实总是残酷的，包括利弗莫尔在内，几乎所有人都会犯错，更是有不少人倾家荡产，直到我们深刻体会到纪律对于交易成功的重要性，盈利才会逐渐变得稳定。

交易纪律，就如同我们生活中的交通规则。在早期，许多人对此并不重视，特别是一些年轻人，他们可能因为追求速度和刺激，而忽视了安全，不遵守交通规则，如超速行驶、不系安全带、闯红灯、随意变道等。但随着时间的推移，人们逐渐意识到遵守交通规则的重要性以及不遵守规则可能带来的严重后果，交易也是一样的。

同样，在股市交易中，我们往往被盈利的幻想所迷惑，而忽略了亏损的可能性。但请记住，盈亏同源，正如阴阳相生相克，负阴抱阳，有盈利的地方就会伴随着亏损即将到来，有亏损的地方就会孕育下一次的盈利。因此，我经常跟朋友们提醒，在交易中，一定要重视并遵守交易纪律，只有这样，我们才能在股市的波动中不翻船，还能做到稳健前行，实现持续的盈利。

最后想说，浓缩的精华还在于应用，并结出最美丽的花朵，再好的理论，也要知行合一，应用落地。齐克用老师精译两本书的目的，正在于此。利弗莫尔的操盘术是我读过最实用的交易哲学，需要好好消化和吸收，其本质就是要拥抱交易的不确定性，遵守纪律，做好资金管理，有一套好的交易系统，最终赚到钱才是正道。

利弗莫尔说过：操盘纪律是定海神针，是交易成功的基石，是通往稳定盈利之路的必备条件。这不仅是利弗莫尔倡导的，也是齐克用老师反复强调的，也是我向广大交易者发出的叮嘱。

唯有如此，我们才得以不惧风浪，大胆地迎接股市的每一次挑战，共创辉煌的未来！

（作者是职业操盘手、《三角洲理论》主讲人）

译者序

利弗莫尔的名言都在《股票大作手操盘术》这本书里，而不在《股票大作手回忆录》。为什么？因为前者已把回忆录里面的案例，全部用通则的方式处理过了。所以本书重点讲利弗莫尔操盘通则，故增加了很多"为何散户都做不到这些通则"的问题，以及"到底是哪些错误逻辑去阻碍他们找到对的通则"。

利弗莫尔操盘术是实用且易懂的，只要您掌握其中的要领，并勤加练习，一定能在操作上获得良好绩效。这本书与其他书籍不同的地方是：

（1）先告知正确的交易理念，进而到实战端的交易计划、进场出场过程，以及过程中操盘人的情绪，描述得淋漓尽致。

（2）指导大家如何在复杂的市场波动中，能有主观判断，并做出好的决策。

（3）说明克服操盘过程中的人性问题，并不是靠口号就能完成的，而是自己要去找出交易通则与信念，才有办法克服。

（4）交易过程中，每日都有不同的利好利空影响行情变化，身为操盘人必须每日为这些大小事件做过滤、取舍、决定，如果您的抉择是错误的，再怎么努力都是徒劳无功的，交易通则再怎么灵验，也无法展现出它的效用。比如不在关键点启动，就贸然进场，最后就会陷入进退两难。

（5）偏见是干扰操盘结果的关键。

（6）做交易记录可以帮助自己看清市场轮廓，避免犯同样的错误，通过六栏记录观察决策前后自己对信息是否有解读偏见，检查过去那些深信不疑的信念是否适用于实战。

这本书看起来像小说般精彩万分，但很多读者或交易员却无法体会利弗莫尔讲的操作上的细节，以至于看完书中道理，还是很难运用于实战，因为无法掌握其中的窍门。本书的动态操盘术能解决实操上的困难。

为何要学利弗莫尔的操盘术？是要让读者变成"活着的利弗莫尔"。为什么要让本人来翻译利弗莫尔操盘术？因为本人活学活用利弗莫尔，是"利弗莫尔的最佳代言人"。

本人至今有近40年的操盘经验，有近20年的教学经验，不仅在亲身实战中运用利弗莫尔操盘术，而且收集了很多读者在应用利弗莫尔操盘术会遇到的问题。这些经验和问题，配合本人译著的《股票大作手操盘术（全译注解版）》，便可在日常操盘实践中找到解决方法。

本人长年任教于金融研究院与证券基金会，并专职于利弗莫尔书籍著作与课程讲授。感谢山西人民出版社的全力支持和舵手证券图书的策划运营，让本人有更多的机会与广大读者一起发掘利弗莫尔操盘术的宝藏，欢迎通过前后勒口扫客服码进群多多交流。

齐克用

2024 年 4 月 15 日

目　录

第一章　我要怎么做才能赚到钱

任何有心想要从事投机的人，都应该将投机视为事业，而不是像许多人一样把它当成赌博。

——杰西·利弗莫尔

杰西心法

一般正常人都认为，只要一买一卖，钱就赚进来了。股市里的买卖行为，看起来似乎很容易让您快速致富。事实上，股市游戏的结果是：愚蠢、懒得动脑、情绪管理不佳、妄想一夜致富的人，将死无葬身之地。

本章导引

投机要成功，不是以怎么做才会成功为开始，而是以避开哪些陷阱与错误的失败点来开始。一般人都是以怎么做才会成功为开始，这样的逻辑是无法在证券市场成功的。

从想法到印证，印证后再执行。若印证后没有得出结果，就要反推回到想法是否一文不值。除非市场按照您的想法运行，否则个人意见真的一文不值。股市里有很多人是蒙着眼在操作，不管市场如何变化，就只是按自己的想法执行，即便是市场已印证了您的想法是错误的，是带有偏见的，还是继续执行，甚至在已知错误的赔钱仓位上加码。换言之，针对一文不值的想法，您是拼命地砸钱，想要让市场实现自己的想法。正确的做法，应该是您跟着市场走，而不是要市场跟着您走。这就是顺势操作的基本原则。

合理的逻辑应该是，不同的想法在未来可能产生不同的发展与结果。但是在股市里，不管您有多少想法，最后市场只会反映它想要反映的结果。即便是优秀的操盘手也无法完全掌握市场运行的所有细微波，但是他可以预测市场会有哪几种发展，并先想好策略，并做好未来的应对。善于检查市场的走势是否符合自己的预期，并做出适当的处理，这就是操盘手应该学会的基本功。经验越丰富，就能越快速地删除发生概率最小的市场走势，将自己的想法快速调整到正确的位置。

"投机"始终是世上最具魅力的游戏。但是这样的游戏，愚蠢的人不能玩，懒得动脑的人不能玩，情绪管理不佳的人不能玩，妄想一夜致富的人更不能玩，否则他们将穷困潦倒。

多年来，每当我出席晚宴时，总会有陌生人过来坐到我身边，稍作寒暄后便开口问我：

"我该怎么做，才能在股市里面赚到钱？"

当我还年轻时，总是不厌其烦地向人解释，想在股市里轻松地赚钱是不切实际的，不想回答就想尽办法找个借口伺机脱身。但后来，我的回答只剩一句话："不知道。"

像这样的人我实在难以认同，尤其是他们提的问题，就像是外行人请教律师或外科医生："我要怎样才能靠法律或外科手术赚到钱？"这对于将投机视为事业而努力投入研究的人来说是一种侮辱。不过，我也确信，大多数对股市投资和投机有兴趣的人，如果有一本书能为他们指出正确的方向，他们是会愿意付出汗水来换取合理的报酬。

本书的目的是在说明我投机事业中的亲身经历，其中包括成功与失败的经验，以及从中得到的教训。通过这些说明，我总结出自己在交易实践中所采用的时间因素理论，我认为这是投机成功最重要的因素。

俗话说"一分耕耘，一分收获"，您的成功与努力成正比。您的努力包括自己做记录、自己动脑思考，以及得出自己的结论。试想一下，当您阅读《如何维持健硕身形》时，却将锻炼的事交由他人代劳，这样能达到目标吗？因此，如果您想实行我在此说明的交易准则，做六栏记录（如图1-1），思考与得出结论一定要亲力亲为，绝不能交给他人代劳。

所谓的"师父领进门，修行在个人"，我所能做的只是为您指引方向。如果通过我的指引，您在股市里面赚到钱，我将倍感欣慰。

本书的目标读者并不是所有的人，而是具有投机倾向的人，我要向他们分享自己多年来在投资生涯中所累积的一些观点和想法。**任何有心想要从事投机的人，都应该将投机视为事业，而不是像许多人一样把它当成纯赌博。**如果我这观点是正确的，那么有意从事投机的人就应当下定决心认真学习，

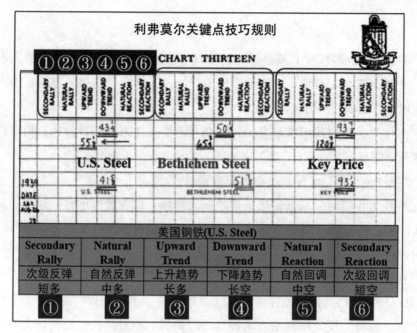

图1-1 利弗莫尔手稿中的六栏记录

尽一己所能地充实自己，使自己达到最高境界。在我致力于投机成功的40年中，我已经发现了一些可以应用于投机事业的法则即本书的"操盘术"，而且我还将继续发掘出新的规律法则。

我夜晚躺在床上经常辗转反侧，脑子里不断地想着，为什么自己没能预见一段行情的到来。第二天一早醒来，心里有了一个新的想法，等不及天亮，就急着通过历史走势所做的记录来检验这个想法是否有效。在多数情况下，这样的新想法并不是百分之百有效，但这些新想法日积月累都储存在我的潜意识中。随着时间的推移，各式各样的想法越来越清晰、具体，于是我逐渐开发出一套新的方法来追踪行情，并以这种方法来判断市场走向。

我的理论和实践都已经让我满意地证明，在证券或商品投机，或投资的行业中，从来没有什么全新的东西。有些时候我们应当投机，但有些时候我们不能投机。有一句谚语再正确不过了："您可以赌赢一场赛马，但您不可能每一场都赢。"市场操作也是同样的道理。有些时候，您可以从股票投机中

4

赚到钱，但如果您日复一日、周复一周地在市场里摸爬滚打，就不可能从头到尾都赚钱，只有那些有勇无谋的人才会这样认为。记住，永远只盈不亏是不可能的。

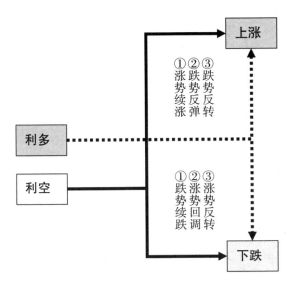

图 1-2　正确地预测新闻公布后的走势技巧

想投机成功，我们必须对股票的走势心中有谱。投机无非就是预测即将到来的市场波动。为了正确地预测，我们必须有一个明确的预测基础。举例来说，当一则新闻公布后（如图 1-2），您必须站在市场的角度，用自己的头脑独立思考它可能对行情造成的影响，并试着去预测这则消息对投资大众所引发的心理效应，尤其是那些与该消息有直接利害关系的人。如果您认为它可能对市场产生明确的看涨或看跌，此时千万不要草率地相信自己的看法，一定要等到市场本身的走势验证了您的想法，才能确定您的判断，因为市场的反应可能不如您预期那么明显。千万不要过度期待或过早采取行动，"出手稍微慢一点"无疑是为自己的对错事先买了保险（如图 1-3）。

举例来说：市场沿着一个趋势进行并持续了一段时间，此时一则利多或利空消息对市场都产生不了作用。这个时候，市场可能已经处于超买或超卖的状态，在这样的情况下，市场多半会对这则消息视而不见。对投资者或投机者来说，市场在相似条件下的历史演变记录就具有了不可估量的参考价值。

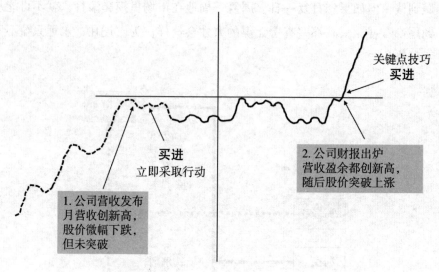

关键点技巧
买进

买进
立即采取行动

2. 公司财报出炉
营收盈余都创新高，
随后股价突破上涨

1. 公司营收发布
月营收创新高，
股价微幅下跌，
但未突破

图1-3　出手稍微慢一点，是为自己的对错事先买了保险

此时，您必须完全摒弃个人意见，将注意力全部投入在市场本身的表现。市场永远不会错，但个人意见则常常是错的。对投资者或投机者来说，除非市场按照您的想法运行，否则个人意见一文不值。今日，没有任何人能够号令市场的起落。

　　您可能对某只股票有自己的看法，认为这只股票将有显著的上涨或下跌走势，而且您的判断也是正确的。尽管如此，您依然有可能赔钱，因为您可能过早地将自己的判断付诸行动。相信自己的想法是正确的，并且立即采取行动的结果，往往落得这样的下场：您刚进场，市场就往相反的方向走。市场变得越来越沉闷胶着，您也越来越厌烦而出场。或许过了几天，行情走势又符合您的预判，于是您再次投入，但就在您刚进场后，市场再度往相反的方向走。这一次您又开始怀疑自己的看法，并且卖掉持有的股票。终于，行情启动了。但是，由于两次的错误行动，您可能没有再进场的勇气了，也有可能您已经把钱投到别的股票，无法再增加仓位了。总之，市场行情真正启动时，您已经失去了机会。参考将个人意见调整到市场方向的程序（如图1-4，无论是想法或影响因子都必须调整至跟市场同向）。

　　我在这里要强调的是，如果您对某只或某几只股票有了明确的看法，

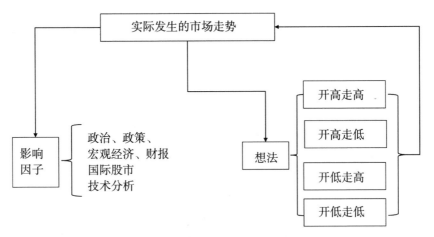

图 1-4　将个人意见调整到市场方向的程序

千万不要迫不及待地急着进场。耐心观察该股票的市场表现，伺机而动，一定要找到根本的判断依据。例如，某只股票目前的成交价是 25 美元，它已经在 22 美元到 28 美元的区间里徘徊很长时间了，而您认为这只股票终将攀升到 50 美元。此时，您必须有耐心，一定要等这只股票活跃起来，等它创新高，也就是大约 30 美元。只有到这个时候，您才能知道您的想法已经被证实。这只股票一定非常强劲，否则根本不可能达到 30 美元。只有该股票出现这些变化后，我们才能断定它很可能正处于大幅上涨的过程中，而现在才是您证实自己看法的时候。要是您没有在 25 美元时买进，绝不要感到懊恼。如果您真的在 25 美元就买进，那么结局很有可能因为您等得不耐烦，早在行情发动前就已经抛掉了这只股票，而由于您是在较低的价格卖出，您也许会悔恨交加，因此等到真正应该再次进场时，却没有买进（如图 1-5）。

我的经验证明："买卖股票或是商品期货，要能真正赚到钱，必须从一开始进场就获利才行。"接下来，我将列举一些自己的实际操作案例，从这些案例中您可以看到，我总是选择关键的心理时刻做第一笔交易，也就是说，在走势力量强到能继续往前冲时做第一笔交易。这只股票之所以继续往前冲，不是因为我的操作，而是它背后的那股力量十分强大，它不得不往前冲（如图 1-6 关键买入点）。曾经有很多次，我也和许多投机者一样，没有足够的耐心等待这种时机，因为我也想每时每刻都持有仓位。您也许会问："您有那么

7

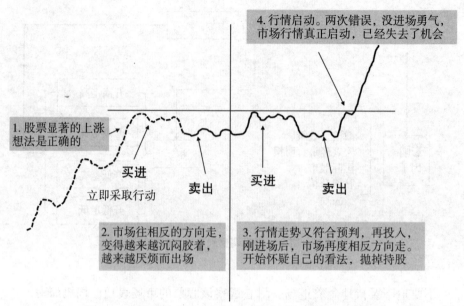

4.行情启动。两次错误，没进场勇气，
市场行情真正启动，已经失去了机会

1.股票显著的上涨
想法是正确的

买进

立即采取行动

卖出

买进

卖出

2.市场往相反的方向走，
变得越来越沉闷胶着，
越来越厌烦而出场

3.行情走势又符合预判，再投入，
刚进场后，市场再度相反方向走。
开始怀疑自己的看法，抛掉持股

图 1-5　利多利空对市场起不了作用，等行情启动后再进场

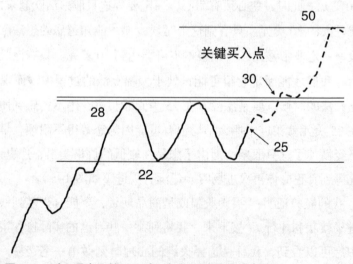

50

关键买入点

30

28

25

22

图 1-6　耐心观察，缩手不动，伺机而动的关键点技巧

丰富的经验，怎么还会干这种蠢事呢？"答案很简单，我也是人，也有人性的
弱点。就像所有的投机者一样，我有时候也会让急躁情绪冲昏了头，蒙蔽了

明智的判断力。**投机就像是打牌，就像扑克牌、桥牌或其他类似的游戏。我们每个人都有一个共同的弱点，就是想要每一局都赢，于是每一局都想插一手，而这种人性的弱点正是投资者和投机者的头号敌人。如果没有加以防范，它终将导致您损失惨重。**每个人都有希望和恐惧的人性的弱点，要是您将希望和恐惧这两种情绪掺入了投机操作，那么您就危险了，因为您很容易将两者混淆并处于相反的位置，也就是说，该恐惧的时候却满怀希望，该充满希望的时候却恐惧万分。

例如，您在 30 美元的价位买进了一只股票。第二天，它很快地上涨到 32 美元或 32.5 美元。这时您害怕了，如果不立刻获利了结、落袋为安，明天恐怕一切都将化为乌有。于是您卖出股票，带着那小小的一笔利润出场，而此时正是您应当享有人世间所有希望的时刻。为什么您要担心前一天还不存在的两美元利润呢？如果您一天就能赚 2 美元，那么隔一天您可能再赚 2 美元或 3 美元，下一周或许可能再赚 5 美元。只要这只股票表现正确，市场也表现正确，就不要急于实现获利。您知道自己是对的，因为如果错了，您根本不会有利润。让利润奔跑吧，也许它终将成为一笔很可观的利润，只要市场的表现不会引起您担心，那就勇敢地坚持自己的信念，紧紧抱牢这只股票。相反，假设您在 30 美元买进某只股票，第二天它跌到了 28 美元，账面上出现 2 美元的损失。您也许不会担心隔天这只股票可能继续下跌 3 美元或更多。是的，您毫不担心，您会认为这只是一时的反向波动，相信隔天它就会回到原来的价位。然而，这正是您应该担心的时候。在这 2 美元的损失之后，有可能雪上加霜，隔天再下跌 2 美元，在接下来的一周或下半个月可能再下跌 5 或 10 美元。此时正是您应该恐惧的时候，如果您没有止损出场，稍后您可能会被迫承受更大的损失。此时您应当卖出股票来保护自己，以免亏损越滚越大（如图 1-7 水平线 30 以下）。

利润总能自己照顾自己，而亏损则永远不会自动结束。投机者必须勇于承担第一笔小小的损失，以避免亏损扩大。留得青山在，不怕没柴烧。不久的将来，您才有能力再度出手交易扳回损失。投机者必须充当自己的保险经纪人，确保投机事业持续下去的唯一办法，就是守护自己账户里的资本，绝不允许亏损大到足以威胁未来的操作。尽管我相信成功的投资者或投机者一定有充分的理由才进场做多或做空，但我觉得他们必定根据某种形式的准则

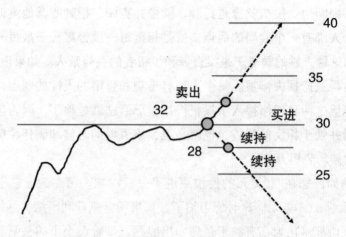

图 1-7　人性中的希望和恐惧在实盘操作过程中的影响

来决定何时出手做第一笔交易。

　　我再重复一遍，肯定有行情会在某个时间点开始发动。我坚信，任何具有投机者本能和耐心的人，一定能设计出一套足以作为准则的特定方法，让自己能够正确地判断何时可以进场交易。成功的投机绝不是单纯的赌博。投机者想要连续地获得成功，必须掌握一定的判断准则。如果这些准则对我具有无可估量的价值，为什么不能同样适合您呢？答案是，没有任何准则百分之百准确和适用。如果我采用的某个准则是我自己最爱的，我当然知道结果如何。如果我买的股票没有如我预期的那样表现，我立即可以断定时机尚未成熟，从而抛售股票。也许几天之后，我的指标指示我应该再度进场，于是我再次买进股票，这次可能是百分之百正确的。我相信，只要愿意投入时间和心血研究价格波动，任何人都有一套自己的判断准则，而这些准则将在他未来的投机或投资操作中发挥作用。在本书中，我要介绍自己在投机操作中发现的一些有价值的观点。

　　很多交易者持有大盘指数的图表或记录，他们翻来覆去地推敲、琢磨这些图表和记录。毫无疑问地，这些图表或指数有时确实能够指出一个明确的趋势。然而，就我个人而言，这些图表对我没有多大的吸引力，我认为它们透露出的信息太含糊了。尽管如此，我也和其他人一样热衷于保存记录。他们也许是对的，我也许是错的。

我之所以偏好自己做记录，是因为我的记录方法能够让我清楚地了解当前正在发生的事情。但是，当我把时间因素纳入考虑之后，我的记录才对我判断即将到来的重大行情变化真正有帮助。**我相信，有了适当的行情记录并考虑时间因素，我们就可以相当准确地预测未来重大的市场波动。不过，这样做需要有足够的耐心。**

首先，您要对个股和板块都十分熟悉。接下来，如果您能正确地结合自己的记录与时间因素，那么迟早您就能够确定股价重大变化到来的时刻。只要您能正确解读行情记录，您就能在任何板块中挑出它的领头羊。我再说一遍，您一定要亲自做记录，您必须亲手填写数字，别让他人帮您做记录。在亲力亲为的过程中，您会惊奇地发现，这样做会产生很多新的想法，这是其他人无法给您的，因为它们是您的发现、您的秘密，因此您应当珍惜，而且不能告诉别人。

我在本书中为投资者和投机者提供了一些"不要"，其中一条重要原则是，绝对不可以把投机冒险和投资活动混为一谈。投资者之所以蒙受巨大的亏损，正是因为他们当初抱着投机的念头来买股票的。

您是否经常听到一些投资者说："我从不担心股票行情波动，也不用担心经纪人催着追加保证金。我从不投机，我买股票是为了投资，如果它们下跌了，迟早会有一天终将涨回来。"

然而，很不幸的是，这些投资者当初买进股票时，认为该股票具有很好的投资价值，但那些股票的基本面后来遭遇了剧烈变化。因此，当初所谓的"价值型股票"常常变成纯粹的"投机型股票"，其中有些股票甚至不复存在了。当初的投资化为泡影，投资者的资金也随之蒸发。之所以发生这种情况，是因为投资者没有意识到，即便是所谓的"价值型股票"，也会受到未来新行情的考验，而这些新行情可能损害该股票的获利能力。就在投资者弄清楚新情况之前，该股票的投资价值已经大幅缩水了。因此，**成功的投机者在其冒险生涯中总是如履薄冰地守护自己的资本，投资者对此也同样大意不得。**如果能做到这一点，那么那些喜欢称自己为"投资者"的人，将来就不会万般无奈地被迫成为投机者了，而他们的信托基金账户也就不会如此大幅贬值了。

您一定还记得，不久前，当时大家都认为把钱投资在纽约纽黑文和哈特福铁路公司比存银行还安全。在 1902 年 4 月 28 日，纽黑文铁路公司的股价是 225 美元。1906 年 12 月，芝加哥密尔沃基和圣保罗公司的股价是 199.62 美元。当年 1 月，芝加哥西北铁路公司的股价是 240 美元。同年 2 月 9 日，大北方铁路公司的股价是 348 美元。所有这些公司都配发优厚的股利。

现在，我们再来看看当年这些"价值型股票"（如表 1–1）。1940 年 1 月 2 日，它们的报价分别如下：纽黑文铁路公司每股 0.5 美元；芝加哥西北铁路公司每股 0.3125 美元；大北方铁路公司每股 26.62 美元；芝加哥密尔沃基和圣保罗公司这天没报价，但是 1940 年 1 月 5 日的报价每股 0.25 美元。

表 1–1 价值型股票的投资陷阱

时间	纽黑文	西北铁路	大北方铁路	密尔沃基
1902/04/28	225 美元			
1906/01		240 美元		
1906/02/09			348 美元	
1906/12				199.62 美元
1940/01	0.5 美元	0.3125 美元	26.62 美元	0.25 美元

我很容易就能列举数百只类似的股票，它们当年曾经风行一时，被视为是稳赚不赔的投资，但如今它们却一文不值。由此，所谓的伟大的投资栽了个大跟斗，而当初自称保守型的投资者眼睁睁地看着巨额财富不断消失，最终化为乌有。

股市投机者也会有赔钱的时候。但我相信，与那些放任其投资不管的投资者所亏掉的巨额金钱相比，投机者在投机活动中亏掉的金钱是微不足道的。

在我看来，这些投资者才是大赌徒。他们下赌注，一赌到底，如果赌错了，就输个精光。投机者也可能同时买入，但如果他是**一个聪明的投机者，而且又有做行情记录的话，他就会意识到危险的信号正在警告他情况不妙。如果他立即行动，就能把亏损控制在最小限度内，然后等待更有利的机会再进场。**

当一只股票的价格开始下跌时，没有人知道它会跌多深。同样地，在主要上涨行情中，也没有人知道它的最终顶部在哪里。下面几项要点您必须牢记在心，其中之一，绝不要因为股价看起来过高而卖出。您也许看着一只股票从10美元涨到50美元，就认定它的价格已经高得太离谱了。此时，我们应当研究判断，有没有什么因素可能阻止它在公司获利良好、管理完善的情况下，股价从50美元继续上涨到150美元。很多人看到某只股票已经历了长期的上涨行情，认为它的价格似乎太高了，于是做空这只股票，结果赔光了本金。

反之，绝不要因为某只股票从前一个高点大幅滑落而买进它，因为大幅下跌可能是基于一个很好的理由。尽管该股票当前的价位看起来似乎很低，但从长期趋势来看，该股票很有可能还是处在极高的价位。设法忘却它过去较高的价格区间，结合时机和价格两要素重新检查它。

如果知道我的交易方式，很多人可能会感到惊讶。当我在行情记录上看到某只股票正在展开上升趋势，我会在股价出现正常回调然后再创新高时立即买进。当我要做空时，也采用同样的方式。为什么呢？因为我顺应当时的趋势，而我的行情记录发出信号，要我采取行动。

我绝不在股票回调时买进股票，也绝不在股价反弹时做空。

此外，还有一个要点：如果您的第一笔交易已经处于亏损状态，再做第二笔交易只不过是有勇无谋。绝不要摊平损失。一定要把这一点谨记在心。

本章操盘术

1. 亲力亲为

★成功的果实，将与您亲自做记录、独立思考与得出结论的努力程度成正比。

2. 财富来自努力耕耘

★任何有心从事投机的人，都应该将投机视为事业，而不是像许多人一样把它当成纯赌博。

3. 一定会有赔钱的时候

★您可以赌赢一场赛马，但您不可能每一场都赢。

★绝对不要摊平损失！

★投机者必须勇于承担第一笔小小的损失，以避免亏损扩大。

★如果您的第一笔交易已处于亏损状态，再做第二笔交易只不过是有勇无谋。

4.一切都是市场说了算

★除非市场本身的走势验证了您的想法，否则千万不要一意孤行。

★市场永远不会错，个人的意见则经常都是错的。

★买卖股票或商品，要能真正赚到钱，必须从一开始进场就获利才行。

5.绝对要顺势操作

★绝不要因为某只股票从前一个高点大幅滑落而买进它。

★绝不在股票回调时买进股票，也绝不在股价反弹时做空。

6.场外缩手不动

★千万不要过度期待或采取行动，"出手稍微慢一点"无疑是为自己的对错事先买了保险。

第二章　价格的预测与买卖时机

　　股票就像人一样有自己的个性。遇到异常波动，迅速研判出危险信号，快速离场并获得超级绩效。

——杰西·利弗莫尔

杰西心法

如何才能辨识波形与波幅，进而赚到大钱？正常波动，您不要害怕。异常波动，您绝对要保持警觉。能辨识哪些是属于不需要理会的正常波动，才能抱牢股票进而操作大波段。能够迅速发现异常波动的现象，才能在正确时间让大仓位有充分的时间退场。赚大钱，就靠辨识这两种波动。

辨识得出长期趋势的人才能富有，无法辨识长期趋势的人就算能赚到钱也赚不多。让您的钱跟着长期趋势富起来。趋势涨跌有固定的量价脉络，时间因素决定了短、中、长期的趋势，只有顺着长期趋势操作才能赚到大钱。趋势进行中，顺势操作，但是当危险信号出现时，应立即出场。若市况显示趋势持续，则立即再次进场。

本章导引

投机赚钱靠的是精准预测与做出正确的买卖动作，正确执行交易时机在操盘上是本章的主题。当您把这些技巧从静态的描述，转化到动态操盘时，就是您持续赚钱的时候了。

正确掌握个股的股性，加上了解在不同环境下对股价的影响，就能正确地预测股价。价格的涨跌有其固定的路线图，量价关系能够帮助判断正常趋势的发展。当趋势发生异常现象时，就是危险信号出现时。危险信号并不总是正确的，因为市场中没有任何原则百分之百准确。但是，如果始终是这样的态度关注这种危险信号，从长远来看，利润必然十分丰硕。

例如：若是我正沿着铁轨行走，突然看到一列快车以96.56公里的时速向我驶来，我肯定会跳开让火车过去，不会愚蠢到站在那儿不动。等它过去之后，只要我愿意，随时都可以再回到铁轨上。当市场发出危险信号的时候，应该从不与之争辩，坚定离场。过了几天之后，如果看来都没问题，随时都可以再度进场。若长期总是这么做，就能减少很多烦恼，也减少很多亏损。

正确预测趋势，掌握买卖时机，顺势操作，长期操作，才能在操盘上赚到大钱。克服操盘中的人性问题，适时运用止盈机制出场，趋势再次启动，立即再次进场。这些是掌握交易时机，正确运用顺势操作的操盘术。

如何预测价格？走势涨跌波动中透露出的信号应该如何判断？

（1）如果行情真的要上涨了，应该会是什么样的情况？

即便是短时间内产生正常回调后，它很快就会再次恢复上涨，而且价格会再创新高。就像这样的上涨波动，会持续几天。在这样的上涨过程中，当日走势也会有较小规模的细微波回调。当它持续上涨到某一点时，会再次形成另一波的正常回调。

杰西判断技巧："当日即便是有利空，但经常最后收盘还是上涨。短期内会经常出现新高价。"

（2）什么是正常回调，怎么判断回调后还会再涨一波？

这一波的回调，应当要和第一次回调时落在同一条趋势线上。这是股票处于明确趋势时，都会发生的自然行为。

杰西判断技巧："正常回调时，可运用主要支撑来做判断。"

（3）如何发现初期的上涨波段即将展开？

行情上涨初期，高点与高点之间的距离都不是很远，但随着时间的进行，您会发现它将以极快的速度，向上发展。

杰西判断技巧："高点慢慢移动至主要压力时，以突破的方向，突破原来的震荡区间。"

　　股票就像人一样有自己的个性。有些股票十分敏感，活蹦乱跳；有些则直率豪爽，合乎逻辑。投机者必须了解各种股票的个性，并给予尊重。在不同的情况下，它们的行为是可以预测的。

　　市场不会永远停滞不前。它们有时非常沉闷，但并不是毫不动弹，至少会稍稍地上下跳动。**当股票进入一个明确的趋势时，它会自动地沿着某种路线运行。**

　　当行情开始发展时，随着价格的上涨，您会看到成交量扩大。随后，将出现我所说的"正常回调"。在向下回调的过程中，成交量远低于前几天上涨时的量，这种小规模的回调是完全正常的。绝不要害怕这种正常的波动，但一定要对异常的波动警觉。

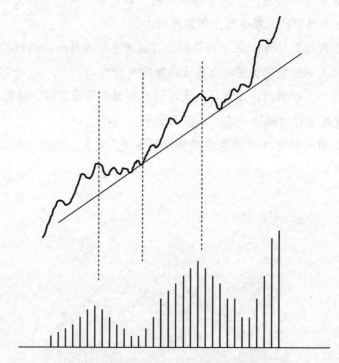

图 2-1　量价同步创新高，上涨与回调的常态量价结构

　　在一两天之内，市场将再次开始上涨，成交量也会随之增加（如图

2-1）。如果行情真的已经开始启动，那么在短时间内自然且正常地回调后就会再次恢复上涨，而且价格将创新高。这样上涨的波动应该会持续几天，这段时间会出现较小规模的日内回调，而当它持续上涨到达某一点后，又将会形成另一轮的正常回调。当这次正常回调发生时，它应当和第一次正常回调时落在同一条"趋势线"上，这种现象是任何股票处于明确趋势时都会发生的自然行为。在行情上涨的初期，前一个高点到接下来一个高点的差距不是很大，但随着时间的推移，您会发现它将以极快的速度往上涨。

举例说明（如图 2-2）：假如某只股票从 50 美元开始，在第一阶段它可能缓步上涨到 54 美元。一至两天的正常回调可能使其回到 52.5 美元左右。三天之后，它再度上涨。它可能在下一次正常回调发生之前，这次直接从 52.5 美元上涨到 59 或 60 美元。然而，在这个价格水平出现正常回调时，通常不会像上次只有 1 或 1.5 个点，而是很容易地下跌 3 个点。过几天它就又开始上涨了，您会发现，此时的成交量已经没有像初期时那么大，而且股票越来越难买了。既然如此，接下来的上涨将比之前快多了。该股票可能很容易地从前一个高点 60 美元上涨到 68 或 70 美元，而且中途不会遇到自然的回调。当这种正常回调确实在此发生时，则回调的幅度会很大。它可能很容易就下跌到 65 美元，即便如此，这个回调还是属于正常的下跌。假设回调的幅度在 5 个点左右，那么过不了几天，涨势就会再次恢复，而且该股票还会再创新高。也就是在这个时间，到了该谨慎面对时间因素的时候了。

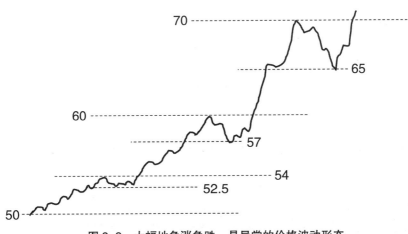

图 2-2 大幅地急涨急跌，是异常的价格波动形态

不要死抱着股票直到它变成亏钱。在获得可观的账面利润后，您必须保持耐心，但也不能让耐心变成一种漠视危险信号的心态。

如前例子，该股票再次启动，它在一天内上涨了6到7个点，然后第二天也许达到8到10个点，交易相当火热。然而，就在当天的最后一小时，突然出现一波异常的杀盘，下跌幅度达到7或8个点。次日早上，它又再度下跌了1个点左右，然后重新再次开始上涨，而且收盘时走势相当强劲。但是，到了第三天，由于某种原因，它的走势没能延续前一天的涨势。

这是一个立即性的危险信号。在整个上涨趋势发展的过程中，仅仅出现过自然且正常的回调，然而在这个时候却突然出现异常的大幅回调。我所说的"异常"，是指一天之内价格自当天所创下的极高价回调9个点或更多的点，这是过去从未出现过的。当股票市场出现异常情况时，就是它在向您发出危险信号，切记不可忽视这样的危险信号。

在股票自然上涨的过程中，您应该持续保有足够的耐心抱着持股。但现在您必须尊重危险信号，勇敢地果断卖出（如图2-3顶端实线），离场观望。

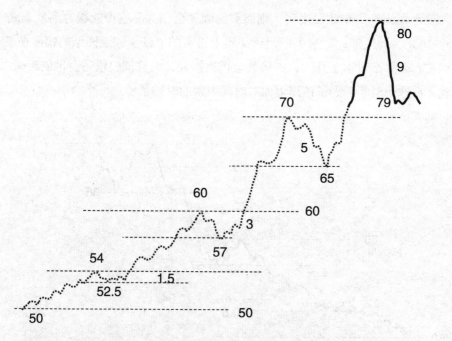

图2-3　上涨趋势的危险信号出现时是卖出时机

我并不是说这样的危险信号总是正确的，正如我之前所说的，没有任何原则百分之百准确。但是，如果您始终是这样的态度关注这种危险信号，从长远来看，利润必然十分丰硕。

一位伟大的投机天才曾经告诉我："当我看到市场向我发出危险信号时，我从不与之争辩。我会坚定离场！几天之后，如果各方面都没问题，我随时可以再度进场。长期以来总是这么做，为自己减少了很多烦恼，也减少了很多亏损。**我从这里领悟到操盘的智慧，假如我正沿着铁轨行走，突然看到一列快车以 96 千米的时速向我驶来，我肯定会跳开让火车过去，不会愚蠢到站在那儿不动。等它过去之后，只要我愿意，随时都可以再回到铁轨上。**这段生动且智慧的话语，让我始终牢记不忘。

每一位明智的投机者都应该对危险信号时刻保持警觉。奇怪的是，大多数投机者面临的难题往往来自自己的内心，而这种内在的弱点使得他们无法鼓足勇气面对困难，在该出场的时候果断地出清自己的仓位。他们犹豫不决，眼睁睁地看着市场朝着对自己不利的方向继续前进。这时他们会说："下次反弹上来时，我一定出场！"然而，当下次涨势又起时，他们忘了原本打算的做法，因为在他们看来，市场又再一次地表现良好。遗憾的是，这次的弹升只不过是暂时性地反弹，接着很快地就又再一次急跌，市场开始进入下跌趋势。由于他们的犹豫不决，至今仍深陷其中。如果他们依照规则行事，原则就会告诉他们该怎么做，不仅可以为他们挽回大笔的金钱，还能解除他们的焦虑。

我再次重申，对于投资者或投机者来说，人性的弱点始终是自己操盘过程中最大的敌人。一只股票在大幅上涨后开始下跌，为什么它不会反弹呢？因为，它会从某个价位反弹，但您凭什么指望它正好在您希望它反弹的价位或时候反弹呢？想要掌握反弹的机会不会发生。但如果它确实发生反弹时，那些优柔寡断的投机者可能也抓不住这个机会。

对于那些把投机视为自己事业的大众，我想不厌其烦刻意重申的重点是，一厢情愿、自以为是这类期望性的思考必须彻底铲除；一个人不可能每日或每周持续不断地进出交易赚到钱；赚钱的机会每年仅有几次。除此之外，您应当在场外观望，等待市场酝酿下一个大趋势。

如果您正确地掌握了买卖时机，那么您的第一笔交易应当从一开始就处

于获利的状态。从那个正确的时间开始，您唯一需要做的就是保持警觉，密切注意危险信号的出现，然后果断出场，将账面利润转化为现金。

记住：当您在场外观望时，那些觉得自己必须天天忙于进出的投机者，正在为您的下一次冒险投机奠定基础，您将从他们的错误中获得利益。

投机实在太令人兴奋了。大多数的投机者终日待在经纪公司里，忙于接听无数的电话，每个交易日结束后，还有许多聚会谈论市场行情。他们的脑子里都是报价机、价格、数字。他们如此地专注于价格的微幅上下波动，以至于错过了大波段行情。当大波段行情开始启动时，几乎无一例外地，使绝大多数的投机者总是持有相反方向的仓位。那些试图在当日微幅波动中频繁进出的投机者，永远不能在下一个重大行情发生时掌握住机会。如果通过记录和研究股票价格变动，弄清楚价格变动是如何发生的，并谨慎地综合考虑时间因素，您就可以克服这样的弱点。

许多年前，我听说一位住在加州山区并非常成功的投机者，他收到的行情报价表是三天之前的报价。他每年会打两三次电话给旧金山的经纪人，下单买卖股票。我的一位朋友曾经在那家经纪公司待过一段时间，对此人感到十分好奇，四处打听想要了解他赚钱的秘密。当他得知这位交易者竟然离市场设施这么远，也很少来经纪公司，然而在必要时出手之重，不禁令人讶异。终于有人介绍我的朋友结识了这位投机者，在交谈的过程中，我的朋友问他，您身在偏远的山区，远离城市，如何追踪股市？

他回答说："我视投机如事业。如果我陷入混乱，让自己被微小的价格变化分心，那我就会一败涂地。我喜欢离人群远一点，让自己能够思考。我将发生过的变动做成记录，它让我对市场正在进行的波动有了相当清晰的轮廓。真正的行情不会在一天之内结束，而一波真正的趋势则需要时间来完成。我住在远离闹市的山区，就能给整波趋势留下充分的时间去完成。我会从报纸上找出一些价格数字，并将它们记在我的记录中。一旦我注意到记录中的价格明显与一段时间以来的变动模式不相同时，我会立刻下山进城工作。"

这是多年前的事了。在很长的一段时间里，这位山里的投机者不断地从股市赚走大笔大笔的金钱（如图 2-4 总结的秘密）。在一定程度上是他激励了

一位朋友四处打听想要了解他赚钱的秘密
1. 住在加州山区
2. 每年会打两三次电话下单买卖股票
3. 在必要时出手之重，不禁令人讶异

朋友直接询问获得答案
1. 视投机如事业
2. 微小的价格变化分心，不理会
3. 远离人群，让自己能够思考
4. 发生过的变动做成记录
5. 一波真正的趋势需要时间来完成
6. 远离闹市，给整波趋势留下时间去完成
7. 从报纸上找价格数字，记在我的记录中
8. 记录中价格变动模式明显不同时立刻下山操盘

图2-4　从加州山区朋友处学习到的赚钱秘密

我，让我更加努力地工作，试图将时间因素和我搜集来的所有资料加以整合。经过不断地努力，我已经能整合所有的价格资料并融会贯通，这对我预测未来走势有了极大的帮助。

本章操盘术

1. 正确预测来自看懂个股的股性

★股票就像人一样有自己的个性。投机者必须了解各种股票的个性，并给予尊重。在不同的状况下，它们的行为是可以预测的。

2. 我顺势操作了吗

★当股票进入一个明确的趋势时，它会自动地沿着某种路线运行。

★如果您正确地掌握了买卖时机，那么您的第一笔交易应当从一开始就处于获利的状态。

★经过不断地努力，将时间因素和搜集来的所有资料整合并融会贯通，这对预测未来走势有极大的帮助。

3. 忽略短期趋势，因为它不稳定且不易看清楚

★一个人不可能每日或每周持续不停地进出交易赚到钱；赚钱的机会每年仅有几次，您应当在场外观望，等待市场酝酿下一个大趋势。

★当您在场外观望时，那些觉得自己必须天天忙于进出的投机者，正在为您的下一次冒险投机奠定基础。您将从他们的错误中获得利益。

★那些试图在当日微幅波动中频繁进出的投机者，永远不能在下一个重大行情发生时把握住机会。

4. 当危险信号出现时，您该怎么做

★不要死抱着股票直到它亏钱，您必须保持耐心，但也不能让耐心变成一种漠视危险信号的心态。

★当股票市场出现异常情况时，就是它在向您发出危险信号，切记不可忽视这样的危险信号。

★当我看到市场向我发出危险信号时，我从不与之争辩，我会坚定离场！每一位明智的投机者都应该对危险信号时刻保持警觉。

5. 操盘中的人性问题必须铲除

★对于投资者或投机者来说，人性的弱点始终是自己操盘过程中最大的敌人。

★一厢情愿、自以为是这类期望性的思考必须彻底铲除。

第三章　强势主流股动态操盘术

价格背后的灵魂是人性。避开弱势股，选择强势主流股，才能赚到钱。

——杰西·利弗莫尔

杰西心法

本章谈到的操盘术，涵盖交易原则、市场时机、选股能力等。其中包含六个重点：

（1）长期保持赢家的姿态，要靠交易原则帮忙。

（2）有关价格的描述：价格不是走直线的。价格产生重大变化时，背后一定有不可阻挡的力量。价格产生重大变化时，不要对背后的原因，太过于好奇。

（3）有关追踪股票进场操作的建议。从观察板块开始，不要同时追踪过多的股票。不要观察这板块，却去操作那板块。不要想一网打尽，不要一次介入多档股票。耐心等待市场的信号出现再进场操作。追随主流股才能赚到钱。主流股是经常会被替换掉的。

（4）初学者应如何进入学习开始市场。

（5）在正确的时机进场，否则将容易陷入价量相互负面影响的恶性循环。

（6）容易被操纵的市场，不要交易。

本章导引

利弗莫尔是位深藏不露的常胜将军，也是位曾经失败过多次的操盘手，有好几次赔光再赚回的记录。投机者在投资市场历经几次成功之后，很容易因失去戒心，最后又被打回原形。他认为如果您也是一而再地被打回原形，那表示交易方法一定还有漏洞，否则怎会一再上演打回原形的循环周期呢？他在市场上赚到钱，都是因为操作主流股。他经常被打回原形，则是因为人性贪婪、耐心不足、市场有着不可测的风险，等等。投资人可以容许少许的亏损，但不能亏掉所有的本金。到底要如何才能在投资市场持续地成功？仔细剖析利弗莫尔获利的细节与其操盘术，有七个重点：

（1）价格背后的灵魂是人性。

（2）价为主，一切以价格说了算。

（3）不要想一网打尽。买很多不同种类，都想赚，这是错误的方法。

（4）个股走势与整体走势之间有时间差。

（5）避开弱势股，追随主流股。

（6）主流股会物换星移，这是不变的真理。

（7）注意成交量与流动性，否则您会发现它会影响交易价格。

股票市场总是存在着诱惑。投机者在经历一段时间的成功之后，往往失去戒心，过于野心勃勃。在这种情况下，他需要有健全的心智和清晰的思路才能稳定盈利。如果您能坚持遵循可靠的交易原则，就不会一再上演得而复失的悲剧了。

我们都知道，价格会上上下下不停地跳动，过去如此，未来也必如此。依我之见，价格发生重大变动的背后，必然存在着一股不可阻挡的力量。所有的人都要知道这一点，对价格变动背后的所有原因太过于好奇，不是一件好事（如图 3-1）。如果您追根究底地想要找出变动的原因，您的思路可能被鸡毛蒜皮过于琐碎的细节所干扰。**只要认清价格变动确实已经发生，然后顺着潮流驾驭您的投机之舟，就能够从中受益。不要与市场争辩，最重要的是，绝不可与之争斗。**

您还要谨记一点，不要想一网打尽。我的意思是说，不要同时介入太多股票。照顾好几只股票比同时照顾许多只股票要容易得多。几年前我曾犯过

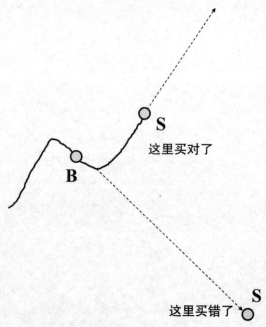

图 3-1　对价格变动背后的原因太过好奇的结果

这样的错，也付出了惨痛的代价。

我犯的另一个错误是，当我看到某一板块中的某只股票明确地已经掉头转向，与整个市场的趋势反向，我便轻易地相信自己的判断，对整个市场完全看空或完全看多。尽管其他板块中，有某几只股票告诉我，它们的走势已经到了尽头，但在建立新仓位之前，仍应耐心等待。时候一到，其他股票也会明确地出现同样的信号，这些才是我耐心等待的反转线索。

但是，我并没有这样做，而是迫不及待地想进场大展身手，结果付出了惨痛代价（如图 3-2 头部下降形态）。在这里，我急于行动的浮躁心理，压过了正常的常识和判断力。当然，我在第一个和第二个板块的交易是获利的。但是，我在关键时刻到来之前，就已经买进其他板块的股票了，因而削减了获利中很大的一部分。

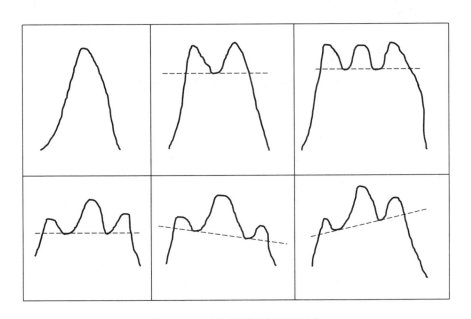

图 3-2　大盘与板块头部下降形态

回想过去，在 20 世纪 20 年代末期的狂野牛市，我清楚地看到了铜矿板块的涨势已经接近结束（如图 3-3）。不久之后，汽车板块也达到了顶峰。由于这两个板块的多头已经结束，所以我很快地得出了一个错误的结论，以为可以开始放心地做空任何股票。这一错误的判断，造成了巨额的损失，让我难以

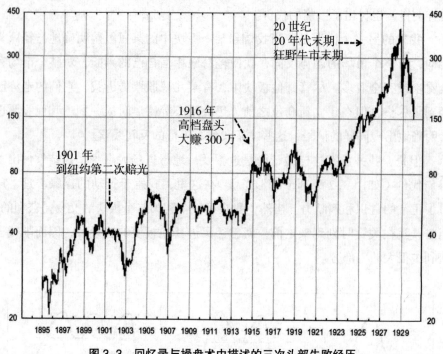

图 3-3　回忆录与操盘术中描述的三次头部失败经历

启齿。

　　虽然我在铜和汽车的股票交易中累积了巨额账面利润，但在接下来的 6 个月里，我为了寻找公用事业板块的头部而损失了更多的金钱。最后，公用事业板块及其他板块都达到了高峰。而在那个时候，安纳康达公司股票自高点下滑了 50 点，而汽车板块的跌幅也不相上下。

　　我希望这一事实能带给您深刻的印象，当您清楚地看到某一板块的行为时，应该就此一类板块采取行动（如图 3-4，不同板块规律不一样）。而不要让自己以同样的方式去操作其他板块的股票，除非您清楚地看到后者也出现了同样的信号。只要耐心等待，迟早您也会在其他板块中得到与第一个板块同样的信号。切记，不要介入太多种类的股票。

　　集中注意力研究当日走势中最强势的那些股票。如果您不能从表现领先的强势股身上赚到钱，您就无法在整个股票市场里赚到钱。

　　正如妇女的服装、帽子和首饰的风格，总是随着时间的推移而变化，股市中的主流股也是此起彼落地变换。几年前，市场的主流股是铁路、美国糖

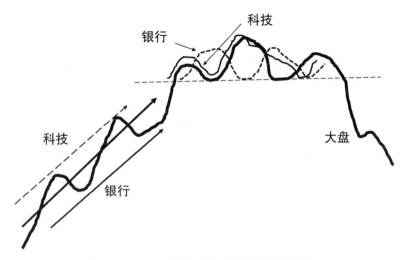

图 3-4　大盘头部形态研判板块变动的技巧

业和烟草，后来换成了钢铁，而美国糖业与烟草则被挤下台。接着，汽车板块成了主流直到现在。如今，我们仅有 4 个板块的股票在市场上处于主导地位：钢铁、汽车、航空和邮政。如果它们朝着某个方向走，则整个市场也会随着它们而动。随着时间的推移，新的领导股将走到台上，而旧的领导股则将退到幕后。只要股票市场持续存在，这种现象就会一直持续下去。

企图同时追踪很多只股票肯定是不安全的，因为您将疲于奔命，也会产生混乱。尽可能只分析相对少数的几个板块。您将发现，相较于企图剖析整个市场，只分析少数几个板块就能取得市场的真实情况，后者要容易得多了。如果您能在 4 个表现强势的板块中（如图 3-5），正确地分析出其中两只股票的走向，您就不用担心其余股票会往哪里去了。这就是老生常谈的那句话："追随主流股。"**请记住，要保持思维的弹性和灵活，因为今日的领头羊两年之后可能就不是领头羊了。**

现在，在我的记录中只保留了 4 个板块，这并不意味着我同时交易这 4 种板块。我之所以这么做，自然是别有用意。

很久很久以前，当我第一次对价格变动产生兴趣的时候，就决定要来测试一下自己预测未来价格变动的能力。我随身带着一本小册子，记录着我的模拟交易。经过一段时间后，我终于出手做了第一笔交易。我永远不会忘记那一笔交易。我和我的朋友一人各一半，合资买进了 5 股的芝加哥百灵顿铁

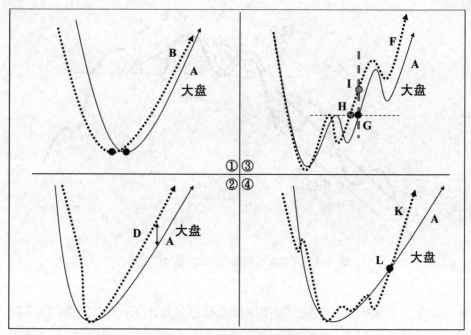

图3-5　四种主流股的基本形态

路公司股票，我分到的利润是3.12美元。从那时起，我就成了一个投机者。

在现在的情况下，我不认为旧形态下大量交易的投机者会有成功的机会。当我提到旧形态下的投机者时，我想的是当时的市场状况是非常宽广且具有流动性，即使投机者持有某只股票5000或10000股，当他进出市场时，不会明显地影响到该股票的价格。

在过去的时代，投机者建立起始的仓位后，如果该股票表现正确，他就可以放心地一路加码。如果市场证明他的判断是错误的，他可以轻易地卖掉自己的仓位，而且不会造成过大的损失。但今天，如果市场证明他的起始仓位是错误的，卖掉股票时就会蒙受重大亏损，因为市场的宽广度变得相对狭窄了。

换句话说，正如我过去所说的，今日的投机者如果有耐心、有判断力，等到适当的时机再采取行动，最终他将从市场上获得丰厚的利润，因为现在市场波动的行为较不容易被人为操纵。这种在过去是盛行的操纵行为，造成所有的科学计算都无法掌握价格的波动。

显而易见，在现在的市场状况下，聪明的投机者不会允许自己按照过去正常地大规模地进行操作。他会研究少数几个板块，以及其中的领导股。在进场之前，他将三思而后行。股票市场的新时代已经来临，它给明智、勤奋、有能力的投资者和投机者带来了更安全的机会。

本章操盘术

1. 价格背后的灵魂是人性

★价格跳动的原因，不在股价本身，而是背后存在一股不可阻挡的力量。

★价格会上上下下不停跳动，过去如此，未来也必如此。

2. 价格变动为主

★对价格变动背后的所有原因太过于好奇，不是一件好事。

★认清价格变动确实已经发生，然后顺着潮流驾驭您的投机之舟，就能从中受益。

★不要与市场争辩，最重要的是，绝不可与之争斗。

3. 不要想一网打尽

★不要同时介入太多股票。照顾几只股票比同时照顾许多只股票要容易得多。

★一般投机者经常是在第一个和第二个板块的交易是获利的。但在关键时刻到来之前，就已经买进其他板块的股票，因而削减了获利中很大的一部分。

★当您清楚地看到某一板块的行为时，应该就此一板块采取行动。而不是要让自己以同样的方式去操作其他板块的股票，除非您清楚地看到后者也出现同样的信号。

★企图同时追踪很多股票肯定是不安全的，因为您将疲于奔命，也会产生混乱。尽可能只分析相对少数的几个板块。

4. 个股走势与整体走势之间有时间差

★看到某一板块中的某只股票已经明确地掉头，与整个市场的趋势反向，这不能轻易地判断为整个市场完全走空或完全走多。尽管其他板块中，有某几只股票走势已经到了尽头，但在建立新仓位之前，仍应当耐心等待，时候一到，其他股票也会明确地出现同样的信号，这些才是反转线索。

5.避开弱势股，追随主流股

★集中注意力研究当日走势中最强势的那些股票。如果您不能从表现领先的强势股身上赚到钱，您就无法在整个股票市场里赚到钱。

6.主流股物换星移是不变的真理

★正如妇女的服装、帽子和首饰的风格，总是随着时间的推移而变化，股市中的主流股也是此起彼落地变换。

★如果主流股朝着某个方向走，则整个市场也会随着它们而动。随着时间的推移，新的领导股将走到台上，而旧的领导股则将退到幕后。只要股票市场持续存在，这种现象就会一直持续下去。

★今日的领头羊两年之后可能就不是领头羊了。

7.注意成交量与流动性，否则它会影响价格

★投机者持有某只股票5000或10000股，当他进出市场时，不会明显地影响到该股票的价格，这是具有流动性的股票。

★在过去，投机者建立起始的仓位后，如果该股票表现正确，他就可以放心地一路加码。如果市场证明他的判断是错误的，他可以轻易地卖掉自己的仓位，而且不会造成过大的损失。但今天，如果市场证明他的起始仓位是错误的，卖掉股票时就会蒙受重大亏损，因为市场的宽度变得相对狭窄了。

扫码观看
齐克用讲解强势主流股动态操盘术

第四章　如何管理好自己的资金

在交易清单里，能发现一些资金管理守则，那是我们一直都
知道的事，知道但是做不到，这恐怕是操盘手最难过的事情。

——杰西·利弗莫尔

杰西心法

利弗莫尔的资金管理技巧与心法。

★投机本身就是一门生意，所有人都应该如此看待。不要让自己受情绪激动、阿谀奉承或利益诱惑的影响。

★管理自己的钱财时，不要假手他人。

★对亏损的仓位不可以在更低的价位买进摊平。

★孤注一掷，不停地投入自己所有资金，当您收到补缴保证金通知时，应立即平仓，因为这已告诉您，站在市场错误的一边。

★每一次冒险过程中，只能投入全部资本的一部分。永远要有备用现金。

★不要妄想一夜致富。

★在每次成功交易平仓了结的时候，都应该取出一半的利润锁在保险箱中。

★市场发出危险信号时，是纸上富贵兑现时刻。

★投资是钱财的输赢，并非只是账户数字的跳动而已，不要对钱产生麻木不仁。把钱放在经纪商账户或银行账户里，和偶尔握在自己手中的感觉是不一样的。这对我来说很重要，因为这种拥有的感觉会降低您随意做出投机决策的冲动。

★偶尔要看看您的现金，特别是两次交易之间。

★从股市赚来的钱，不要轻易地尝试股市之外的投资，这些行为总是捞不到好处。

★经纪人有时候是许多投机者失败的根源，因为他们会鼓励您过度交易，而身为操盘人，您却当他们是朋友。

★不要让过度交易养成习惯。看好您的钱，慎防因过度交易付出一大笔的手续费。

本章导引

这一章完全在讲资金管理，不管您的钱是已经转换成仓位，还是还在账户里面，有各种各样的方法去管好您的钱。大部分的人讲资金管理，都是在讲把钱投入市场之后，当市场如预期的时候，您要怎么加码，不如预期时，您要如何退场。接着还会讲，不能让资金亏损超过多少，等等。本章谈到的重点是在还没投入市场之前，您要怎么管理手中的钱。

"金钱"是参与投资的权利。如果您有能力管好投入市场的钱，钱就会越变越多。您可以扩大仓位，让赚钱的速度越来越快，这时复利的效果就会彰显出来。但如果您没有能力管好，那么钱会越变越少，到最后负债累累，丧失了投资的权力。投资市场时时刻刻存在着不可预知的风险，且每个人都有无法控制的人性问题。因此，若想在投资市场中让金钱能产生复利效果，又必须管理好上述两种风险，才能永保平安。那要用什么方法呢？利弗莫尔说：

（1）亲力亲为，管好自己的钱。

（2）错误的投机方式，注定亏钱。

（3）永远保有现金。

（4）降低随意做出投机决策。

（5）投机本身就是一门生意。

（6）避免过度交易。

建立正确的操盘逻辑是管好钱财的基本功。在投资市场赚来的钱，来得快，去得也快。想要将这些钱永远落袋为安，必须有方法，买方和卖方都能赚钱，参考华尔街投资者获利方式（如图4-1）。本章利弗莫尔仔细剖析获利的细节与其操盘术。

当您管理自己的钱财时，一定要亲力亲为，千万不要委托他人。无论是上百万元的大钱，还是几千元的小钱，都一定要亲自处理。这是您的钱，只有在您看紧的情况下，它才不会流失殆尽。错误的投机方式是注定亏钱的。

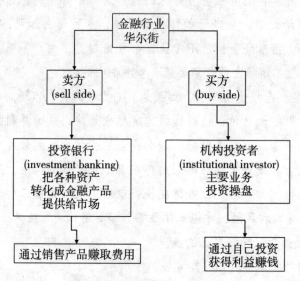

图 4-1　华尔街投资者获利方式

无能的投机者犯下的大错无奇不有。我一直强调，对亏损的仓位不可以在更低的价位买进摊平。然而，这刚好是许多投机者最常犯的错。很多人买进股票（如图 4-2），比如在 50 美元买进了 100 股，两三天后价格跌到了 47 美元，这时他们就会冲动地再买进 100 股，而股票的平均成本变成了 48.5 美元。想想看，他已经在 50 美元买进了 100 股，而且对 3 个点的亏损忧心忡忡，那么他到底凭什么理由在 47 美元再买进 100 股，以至于价格跌到 44 美元时加倍地担心害怕呢？到那时，第一次买进的 100 股亏损 600 美元，第二次买进的 100 股亏损 300 美元。

如果有人采用这种不靠谱的方法操作，那他就应该坚持到底。（如图 4-3）价格跌到 44 美元，再买进 200 股；到 41 美元，再买进 400 股；到 38 美元，再买进 800 股；到 35 美元，再买进 1600 股；到 32 美元，再买进 3200

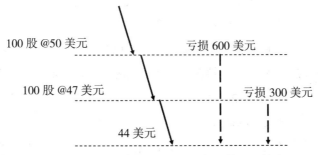

100 股 @50 美元　　　　　亏损 600 美元

100 股 @47 美元　　　　　　　亏损 300 美元

44 美元

图 4-2　亏损仓位在更低价位买进摊平的心理状态

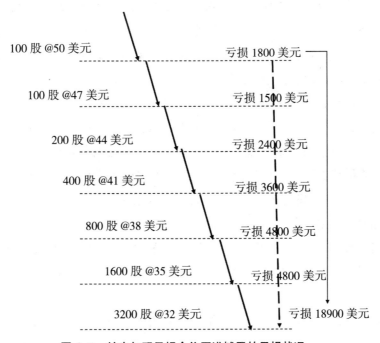

100 股 @50 美元　　　　亏损 1800 美元

100 股 @47 美元　　　　亏损 1500 美元

200 股 @44 美元　　　　亏损 2400 美元

400 股 @41 美元　　　　亏损 3600 美元

800 股 @38 美元　　　　亏损 4800 美元

1600 股 @35 美元　　　　亏损 4800 美元

3200 股 @32 美元　　　　亏损 18900 美元

图 4-3　扩大加码亏损仓位买进摊平的亏损状况

股；以此类推。然而，有多少投机者能够承受这样的压力？如果这样的操作是明智稳当的，那就不应该放弃。当然，像那样的异常举动并不经常发生，但投机者必须加以防范，以避免灾难。

因此，尽管有重复说教之嫌，我还是要提醒您，不要采用摊低成本的做法。

从经纪人那里，我得到唯一可以确定的内幕消息，就是追缴保证金的通知。当您接到追缴保证金的通知时，应立即平仓，因为它说明了您站在市场错误的一边。既然已知犯错，为什么还要把钱继续投入亏损的交易呢？把这笔钱拿到其他更有吸引力的地方去冒险吧！

成功的商人愿意提供更多的信用给不同的客户，但却不喜欢把所有的产品卖给单一客户。客户的数量越多，风险就越分散。同样的道理，从事投机的人在每一次冒险过程中，也只能投入全部资本的一部分。 对投机者来说，现金就像是商人货架上的商品。

所有的投机者都有一个通病，急于成功，总想在很短的时间内发财致富。他们不想用两至三年的时间来使自己的资本增加500%，而是打算在两到三个月内做到这一点。他们偶尔会成功，但这些大胆的交易者最终守得住这些财富吗？不可能。为什么呢？这些钱来得不稳当，因此来得快去得也快。在这种情况下，投机者会冲昏了头，他会说："如果我能够在两个月内使自己的资本增值500%，我就要发大财了。"

这样的投机者永远不会满足。他们孤注一掷，不停地投入自己全部的资金，直到有一天发生了剧烈的、无法预料的、毁灭性的事件。最后，经纪人终于发出了追缴保证金通知，然而金额太大，他已无力补足，于是这位大胆冒险的赌徒就像流星一样消逝了。也许他会求经纪人再宽限一点时间，或许他还算幸运，口袋里还有一点点资金，可以东山再起。

如果是生意人新开了一家店铺，他肯定不会指望第一年就从这笔投资中赚到25%以上。但对投机领域的人来说，25%算不了什么，他们要的是100%。他们的算计是错误的。他们没有把投机视为事业，并按照商业原则经营这个事业。

还有一点值得一提的是，投机者在每次成功交易平仓了结的时候，都应该取出一半的利润，将它锁在保险箱中。投机者唯一能从华尔街赚到的钱，就是在他们结束一笔成功的交易后，从账户里提出来的现金。

回想起我在棕榈滩的那一天。当我离开纽约时，手中还持有相当大的做空仓位。在抵达棕榈滩数日之后，市场出现了严重下跌。这是将"纸上利润"兑现成账面上现金的机会，而我也这么做了。

收盘后，我请电报员发送一封电报，要他通知纽约办事处立刻汇出100万美元存入我的银行户头。那位电报员差点昏倒。发完电报后，他问我是否可以收藏那张纸条。我问他为什么。他说，他已经当了20年的电报员，这是他经手的第一封客户要求经纪人把钱存入自己银行账户的电报。他还说："经纪人发出成千上万则电报，都是要客户们追加保证金的，但从来没有人像您这样。我想把它拿给孩子们看看。"

一般的投机者只有在自己手中完全没有仓位，或经纪账户中有仓位之外多余的钱时，才能把钱提领出来。当市场朝着不利于自己仓位方向进行时，他不会提领这些钱，因为他需要这些钱来充当保证金。当他了结一笔成功的交易后，也不会将钱领出，因为他会对自己说："下次我将会用这些钱再赚两倍。"

因此，绝大多数的投机者很少会见到钱。对他们来说，这些钱是虚无的，看不见也摸不着。多年来，我已经养成习惯，在结束一笔成功的交易之后，都要提领出来部分现金。**我通常的做法是，每次提领 20 万或 30 万美元。这是一个很好的方法，它让人在心理上有踏实的感觉。将它作为您的策略，数一数您的钱。我已做到了。我知道自己手中有实实在在的钱。我感觉得到，它是真的存在。**

把钱放在经纪商账户或银行账户里，和偶尔握在自己手中的感觉是不一样的。这对我来说很重要，因为这种拥有的感觉，会降低随意做出投机决策的冲动，而随意的投机决策最容易导致失败。因此，随时要感觉自己握有的现金，特别是在两次交易之间（如图 4-4）。

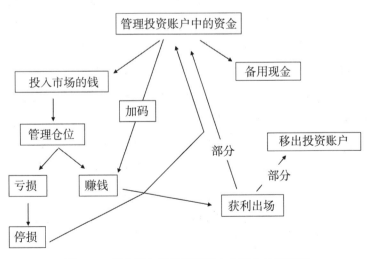

图 4-4　利弗莫尔管理投资账户中资金的程序图

一般的投机者在这些事情上的态度不够积极。当投机者有幸地将他的原始资本翻倍时，他应该立即提出一半的利润留作未来备用。这个方法有好几次帮了我的大忙。唯一遗憾的是，我没有在自己的职业生涯中，始终贯彻这一原则。在某些有状况的地方，它会让我走得更平稳一些。

在华尔街之外，我从来没能赚过半毛钱。由于华尔街之外的投资，我已经损失了数百万美元，而这些钱都是我从华尔街赚来的。我记得这些投资包括佛罗里达泡沫的房地产、油井、飞机制造，以及新产品的精制和推广，等等。每笔交易我总是赔得精光。

在华尔街之外的这些冒险投资中，曾经有一回，我被激起了强烈的兴趣，于是试图说服我的一个朋友也投入5万美元。他十分认真地听完我的说明，然后说："利弗莫尔，除了自己的本业，您永远不可能在任何其他的生意上获得成功。如果您需要5万美元去投机，可以拿走这些钱，但请您仅限于投机，千万别去碰那桩生意。"

第二天一早，邮差送来了一张5万美元的支票，令我惊讶的是，我并不需要借这5万美元。

这里的教训是，投机本身就是一门生意，所有人都应该认真对待投机。不要让自己受到情绪激动、阿谀奉承或利益诱惑的影响。请记住，经纪人有时候是许多投机者失败的根源。经纪人从事这个行业以赚取佣金，除非客户交易，否则他们是无利可图的。交易得越多，佣金就越多。投机者想要交易，而经纪人不仅欢迎他们交易，而且经常鼓励他们过度交易。不知情的投机者把经纪人当成自己的朋友，很快就开始过度交易。

如果投机者够聪明，知道应该在什么时候多做交易，那么这种做法就是合理的。也许他知道什么时候可以，或者什么时候应该过度交易，但是一旦养成了这种习惯，很少有投机者能够明智地阻止自己过度交易。他们被冲昏了头，失去了投机成功至关重要的平衡感。他们从没想过自己也有犯错的一天。然而，这一天终究来了。容易得手的钱长了翅膀，来得快，去得也快，于是又一个投机者破产了。

除非您能在财务安全的情况下进行交易，否则不要过度交易。

本章操盘术

1. 亲力亲为，管好自己的钱

★管理自己的钱财时，一定要亲力亲为，千万不要委托他人。

★错误的投机方式是注定亏钱的。

2. 错误的投机方式注定亏钱

★对亏损的仓位不可以在更低的价位买进摊平。不要采用摊低成本的做法。

★当您接到追缴保证金的通知时，应立即平仓，因为它说明了您站在市场错误的一边。

3. 永远保有现金

★每一次冒险过程中，也只能投入全部资本的一部分。对投机者来说，现金就像是商人货架上的商品。

★投机者在每次成功交易平仓了结的时候，都应该取出一半的利润锁在保险箱中。投机者唯一能从华尔街赚到的钱，就是他们了结一笔成功的交易后从账户里提出来的现金。

★容易得手的钱长翅膀，来得快去得也快。

5. 投机本身就是一门生意

★在华尔街之外，我从来没能赚过半毛钱。由于华尔街之外的投资，我已经损失了数百万美元，而这些钱都是我从华尔街赚来的。

★投机本身就是一门生意，所有人都应该认真对待。不要让自己受情绪激动、阿谀奉承或利益诱惑的影响。

6. 避免过度交易

★请记住，经纪人有时候是许多投机者失败的根源。投机者想要交易，而经纪人不仅欢迎他们交易，而且经常鼓励他们过度交易。不知情的投机者把经纪人当成自己的朋友，很快地就开始过度交易。

★如果投机者够聪明，知道应该在什么时候多做交易，那么这种做法就是合理的。

★一旦养成了过度交易的习惯，很少有投机者能够明智地自己罢手。他们被冲昏了头，失去了投机成功至关重要的平衡感。

第五章　关键点操盘的交易时机

无论何时，只要耐心等待市场到"关键点"后才出手，总是能赚到钱。我就是在行情开始启动的关键时刻进场交易的。

——杰西·利弗莫尔

杰西心法

每个投资人，从一开始就赚钱，一出手总是满载而归。这里指的就是关键点操盘术。找到了关键点，又用对了技巧，就能得到这两个结果。要怎么样找对又用对关键点？必须亲力亲为做记录，独立思考与主观判断，才能正确地将关键点操盘术发挥得淋漓尽致。

有关于交易时机里的进场与出场点，经常会问，哪里才是正确的交易时机？逻辑是什么？我会运用客观数字，加上独立思考，来找进场点和出场点。为了保有独立思考，我会怎么做？

（1）亲力亲为做记录，来厘清市场方向。

（2）睡眠充足后，早起整理操盘思绪。

（3）阅读晨报，分析新闻事件对投资市场的影响。

（4）注意头版与大标题，这是投资人容易犯错的源头。

（5）保持不要被外界干扰的环境。

想在投资市场赚钱，您必须有备而来。多数人都企图以随机的、散漫的、简单的方式，去把玩这世界上最困难的游戏。这种游戏需要客观的信息，以及仔细地思考。它会因人性或生活方式的不同而不同。

本章导引

凡是只要看过利弗莫尔书籍的读者，都知道书中可以帮助投资人赚大钱的秘密就是利弗莫尔的关键点技巧。对于关键点到底在哪里，感觉似懂非懂，好像又没办法讲清楚。这是什么原因呢？

为何会有这么多类型的关键点呢？这就要回看利弗莫尔一生的经历。从做短线交易，到操作波段，从短期、中期，到长期。每一个阶段，每一种操作模式，都有其相关的关键点，适当的交易时机，经常能让他一出手总是满载而归。

利弗莫尔为了找到关键点，发展出一套"六栏记录"的方式，从记录股价的变化中，找出关键点，然后运用关键点技巧来操盘。"哪里买？哪里卖？""哪里该加码？哪里该减码？""我要如何做事后的检讨？"这些都是实战操盘会遇到的问题。

1. 关键点的重大功能，是发现正确的交易时机

我们知道低买高卖，就能赚钱。但问题是要在哪里买？在哪里卖？简单讲这是在谈正确的交易时机。通过利弗莫尔的六栏记录，找出关键点，进而观察关键点位置的筹码供应情形与股票波动情形，精准掌握一出手总是满载而归的市场时机。

2. 关键点的种类（详见第十章与海报 16 张手稿图下划线的关键点）

利弗莫尔所说的关键点，有各式各样的关键点，例如：

· 属于支撑压力的关键点

· 突破新高新低关键点

· 整数关卡关键点

· 持续关键点

· 反转关键点

· 计算出来的关键点

· 调整过的关键点

· 交易记录里面跳行记录的关键点

· 主观判断的关键点

从关键点的分类来看，大致上可以分为：

（1）在走势图上就能看见的关键点；

（2）可以计算出来的关键点；

（3）主观判断而来的关键点。

这些关键点让您清楚知道进场点、加码点、场内场外缩手不动的时机，以及出场点。

3. 关键点是日后检讨的指引

关键点可以从六栏记录中找到。它可以让操盘手依循相关规则进出场，这将有助于日后的检讨，能精准看出自己的盲点，以利未来研判进出场技巧的提升。如果未记录当下决策的信息，很容易用最后结果是赚钱或赔钱来论述对与错，造成未来的误判。利弗莫尔能清楚分享他的操盘经验，就在于他有六栏记录，同时找到关键点的方法，以及他个人对于关键点研判与实战的轨迹。

无论何时，只要耐心等待市场来到我所谓的"关键点"后才出手交易，我总是能赚到钱。

为什么呢？

因为我是在行情开始启动的关键时刻进场交易的。我从来没有担心过亏损，原因很简单，我在指标发出信号时立即采取行动，并且开始建立仓位。之后，**唯一要做的是静观其变，让市场自行发展。我知道，只要耐心等待、静观其变，市场也会在适当的时候发出信号，告诉我该获利出场了。任何时候，只要我有勇气和耐心等待信号，就能按部就班如愿以偿。**我的经验证明，如果没有在行情开始启动之时进场，那么我就不可能得到太大的获利。原因是，该进场时没有及时进场，就会丧失一大段利润；而及时进场，利润就是我的勇气和耐心持有整个波段所不可或缺的结果。市场总是不时地出现轻微的上下震荡，而这利润正是我不为所动、顺利通过的可靠保障。

正如市场及时发出明确的进场信号一样，只要您有足够的耐心等待，市场也会告诉您何时退出。"罗马不是一天建成的"，任何重大的趋势不会在一天或一周内结束，它需要一定的时间才能完成整个过程。然而，大部分的市场变动都发生在整个过程的最后48小时，这是最重要的时刻，也就是说，在这段时间您一定要在场内并持有仓位。

举例来说（如图5-1）：某只股票处于下跌趋势中，图左侧有相当长一段时间，价格来到了40美元的低点。随后，它在几天内快速反弹至45美元。接下来的一周，它在上下几个点的区间震荡，然后开始扩大涨幅来到49.5美元高点。随后几天，市场变得沉闷且不活跃。终于有一天，它再次活跃起来，首先下跌了3至4个点，然后继续下跌，直到接近其关键点40美元。此时正是应该仔细观察市场的时候：

（1）若要继续下跌，则会跌破40美元之后到达37美元，下跌多达3美元甚至更多。

（2）若它没跌破美40元，应在低点算起反弹3美元以上立即买进。

（3）若40美元跌破了，但跌幅未达3美元，则在股价弹升至43美元时买进。

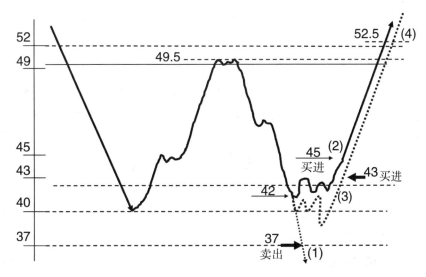

图 5-1　往下止跌后图解说明四种关键点的买卖信号

不管（2）（3）两种哪一种情况出现，都标志着一个新趋势的开始，这一段新趋势会出现正面的获利，会持续上涨，并超越关键点 49 美元达 3 美元以上。这里用的 3 美元，约略指 7%，后面案例将以此为准。

（4）若持续涨到关键点 49.5 美元，高出关键点 3 点或更多，这就确认了新的趋势。

我之所以没有使用"牛市"或"熊市"这样的字眼来阐述市场趋势，原因在于许多人只要听到"牛市"或"熊市"，就会立即联想到市场将在很长一段时间里按照长期趋势的方式运行。

问题是，这种明确长期的趋势并不经常发生，大约四五年才会出现一次，但在此期间还会出现许多持续时间相对较短的明确趋势。因此，我宁愿使用"上升趋势"或"下降趋势"这两个词，它们恰如其分地表达了市场在特定时间内发生的事情。此外，如果您认为市场即将进入上升趋势而买进股票，几个星期之后，经过再次研究得出结论，市场正在进入下降趋势，此时您会发现自己很容易就能接受趋势逆转的事实。

结合时间因素与价格记录的利弗莫尔操盘术，是经过 30 多年潜心研究的结果，这些原则将作为我预测未来重要市场走势的基本指南。

当我初次做记录时，发现它并没有带来多大的助益。几个星期之后，我有了新的想法，它激发我重新努力。结果发现，虽然它比第一次的记录有所改进，但还是没有带来我想要的信息。我脑子里不断涌现新的想法，于是我做了一系列的记录。

在做了很多记录之后，我逐渐地开始萌发前所未有的新想法，而我做的行情记录也渐渐浮现出越来越清晰的市场轮廓。但是，直到我结合时间因素与价格走势之后，我的记录才开始对我说话！

此后，我都以不同的方式将每一笔记录整合在一起，而这些记录最终使我确定关键点的位置，并且告诉我如何利用它们在市场上获利。从那时起，我已经多次改进自己的计算方法，而今天我所采用的记录方式也能对您说话，只要您愿意听它们说。

当投机者能够确定某只股票的关键点，并运用关键点来解释市场行为时，他就能从一开始就建立获利的仓位。

多年前，我已经开始利用这种最简单的关键点交易法来获利。我发现，当某只股票的价格来到 50 美元、100 美元、200 美元甚至 300 美元时，一旦市场穿越这些关键点，随后多数都会展开一段又急又陡的涨势。

我第一次尝试利用这些关键点获利的股票是安纳康达。当它以 100 美元的价格卖出时，我即刻下单买进 4000 股。直到几分钟后该股票穿越 105 美元，我下的单才完全成交。我的单子成交后，在当天又上涨了 10 个点，第二天又出现显著的上涨。在短时间之内，它持续上涨超过了 150 美元，其间只有少数几次是 7 点或 8 点的正常回调，但从来没有触及关键点 100 美元（如图 5-2）。

从那时起，只要有关键点出现，我就很少错过这种大场面。当安纳康达来到 200 美元时，我成功地故技重施；当它突破 300 美元时，我再一次如法炮制。但是这一次它并没有真正的有效跨越关键点，只来到 302.75 美元。显然市场正在发出危险信号，于是我卖出手中的 8000 股。很幸运，其中 5000 股卖在 300 美元，1500 股卖在 299 美元。这 6500 股是在不到 2 分钟的时间内成交的。但是，我又多花了 25 分钟的时间，把剩余的 1500 股以一笔 100 股或 200 股分批卖出，成交价则来到了 298 美元，这也是该股票当天的收盘价。我有信心，如果股价跌破 300 美元，它就会快速下跌。第二天早晨，市场上掀起了一阵骚动。安纳康达在伦敦市场一路下跌，纽约市场开盘就大幅下跌，

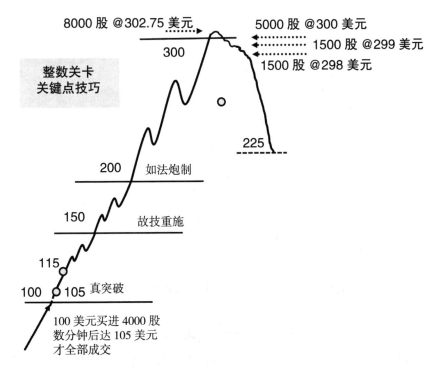

8000 股 @302.75 美元　　5000 股 @300 美元

1500 股 @299 美元

300　　1500 股 @298 美元

整数关卡
关键点技巧

225

200　如法炮制

150　故技重施

115

100　105　真突破

100 美元买进 4000 股
数分钟后达 105 美元
才全部成交

图 5-2　安纳康达整数关键点实战案例图解

才几天的时间，它就跌到了 225 美元。

使用整数关键点来预测市场走势时，必须牢记一点：如果该股票在穿越关键点之后没有展现其应有的表现，这就是一个必须注意的危险信号。

如上述事件所示，安纳康达越过 300 美元之后的表现与越过 100 美元及 200 美元之后的表现截然不同。前面的两次，当市场越过关键点之后，都出现非常快速的上涨，且涨幅至少有 10 到 15 个点。但这一次，该股票不但没有出现难买的现象，市场上反而充斥着大量的供给，而如此大量的供给，股票根本无法继续上涨。因此，该股票在 300 美元稍上方的走势清楚地表明，继续持有这只股票是危险的。它清楚地显示，股票穿越关键点后通常会发生的情况这次不会发生。

还有一次，那是我等了 3 个星期才出手买进的伯利恒钢铁（如图 5-3）。1915 年 4 月 7 日，它创下历史新高价 87.75 美元。我知道，当股价越过关键点后将快速上涨，而且我相信，伯利恒钢铁将突破 100 美元。于是，4 月 8 日

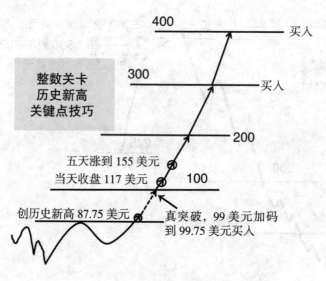

图 5-3　伯利恒钢铁整数关键点实战案例图解

我下了第一张买单，打算从 99 到 99.75 美元逐步累积筹码。同一天，该股票上涨到 117 美元的高点。之后，它毫不停顿地一路上涨，其间只有微幅的正常回调，直到 4 月 13 日，也就是 5 天后，它来到 155 美元的高点，涨势令人叹为观止。这再次说明，那些耐心等待关键点出现并利用关键点交易的人，一定能获得丰厚的报酬。

伯利恒的故事还没有讲完。我在 200 美元、300 美元和令人头晕目眩的高点 400 美元，都用同样的手法操作，但我终究没有做完整个波段，因为我已经预料到熊市会发生什么，而当时股票在下跌过程中跌破了关键点。我知道，**最重要的事就是密切观察股票越过关键点后的后续发展。我发现，如果某只股票越过关键点后缺乏持续上涨的力量，则市场很容易掉头转向，此时应当机立断，出清仓位。**

顺便提一下，每次只要我失去耐心，未能等到关键点出现就进场，而企图快速获利的结果，总是落得赔钱收场。

那个时候，由于市场上出现了高价股分割的风潮，因此我上面讲的那些机会就不经常出现了。尽管如此，我们还是可以利用其他方式来确认关键点。例如，有一只最近两三年上市的新股，最高价为 20 美元，而这个价格是两三年前创下的。如果这时发生对公司有利的事情，而且股票开始上涨，那么在它突破高价时，买进该股通常是十分安全的。

此外，一只股票上市时可能以 50 美元、60 美元或 70 美元的价格开盘，随后下跌了 20 点左右，此后在其最高点和最低点之间徘徊了 1 年或 2 年。那么，如果它的价格跌破先前的低点，则该股票可能会大幅下跌。为什么？因为该公司内部一定出了问题。

通过记录股价，并考虑时间因素，您就能找到许多关键点，那里是您能参与市场快速移动的地方。但是，您要充分认识到运用关键点交易是需要耐心的。您必须亲力亲为做记录，投入时间研究并标记关键点的价格。

您会发现，研究关键点的过程就像挖掘金矿，几乎令人难以置信的迷人，而您将从自己判断的成功交易中获得一种独特的乐趣和满足感。听信明牌或高人指点或许也能获得利润，但您会发现，凭借一己之力获得的利润更能带来巨大的成就感。如果您自己发掘机会，按自己的方式交易，耐心等待，密切注意危险信号，您就能养成正确的思维。

在本书最后几章中，我将详细解说，我是如何结合市场法则来找出较复杂的关键点的方法。

很少有人能够根据偶尔的内幕消息或他人建议而获利的。许多人乞求内幕消息，但他们并不知道如何使用。

有一天我出席一个晚宴，一位女士不断地纠缠我，要我给她报明牌。我一时心软，告诉她买进一些塞罗德帕斯科，这只股票当天向上穿越了关键点。从第二天早上开盘，这只股票在接下来的一周总共上涨了 15 点，其间只有一些微不足道的回调。随后，该股票出现了危险信号。我突然想起了那位女士，赶紧让我太太给她打电话叫她卖掉。没想到她还没有买进那只股票，因为她想先看看我的信息是不是准确。从这里看来，对于傻瓜来说，小道消息是如此不确定。

商品交易经常出现有吸引力的关键点。可可豆是纽约可可交易所的交易商品，长久以来这个商品都不具有投机诱因。然而，如果您把投机视为事业，自然就会关注所有市场以寻求大好机会。

如图 5-4，1934 年 12 月到期的可可豆期权的最高价 6.23 美元出现在 2 月，最低价 4.28 美元出现在 10 月。1935 年的最高价 5.74 美元出现在 2 月，最低价 4.54 美元出现在 6 月。1936 年最低价 5.13 美元出现在 3 月，但在那年 8 月，

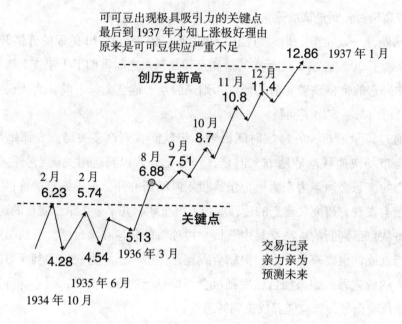

可可豆出现极具吸引力的关键点
最后到 1937 年才知上涨极好理由
原来是可可豆供应严重不足

图 5-4　记录可可豆突破一年半高点关键点

由于某种原因，可可市场变成了另一副模样，市场开始剧烈地波动。当可可豆的成交价来到 6.88 美元时，这一价位远高于前两年的最高价，也高于前面最近的两个关键点。

　　1936 年 9 月，可可豆创下了 7.51 美元的高价；10 月最高价是 8.70 美元；11 月最高价是 10.8 美元；12 月来到了 11.4 美元；1937 年 1 月创下了历史新高 12.86 美元，在 5 个月内上涨了 600 点，其间只有一些微幅的正常回调。

　　多年来，可可市场一直只有一般幅度的波动，这次急速上涨显然有十足充分的理由。原因是可可豆的供给出现了严重短缺，而那些密切关注关键点的人在可可市场找到了一个绝佳机会。

　　当您亲手做记录，并且仔细观察不同价格的形态时，您的价格记录就会开始与您说话。您会在突然之间意识到，您所记录的资料正在形成某种特定形态。它正力求清晰地揭示正在逐步形成的市场局势。它建议您回顾一下您的记录，看看过去在类似条件下市场最终出现了什么样的重大走势。它告诉您，凭着缜密的分析和良好的判断，您就能形成自己的看法。**价格形态提醒您，每一次重大的市场变动都只是历史重演，只要熟悉过去的走势，您就能**

正确预测和应对即将到来的变动，并从中获利。

我要强调一个事实，我不认为这些记录是完美的，不过它们对我的帮助是无可替代的。**我清楚地知道，这些记录就是预测未来的基础，任何人只要愿意研究这些记录并亲手维护，他们在操作过程中就不可能不获利。**

如果将来有人采用我做记录的方法从市场上获得比我更多的利润，我一点都不会感到惊讶。这句话是基于这样一个前提：尽管我是在一段时间之前通过分析行情记录而得出自己的结论，但现在那些开始应用这一方法的人，可能很容易就会发现我遗漏的新价值点。说得更明白一点，我并没有进一步寻找新的观点，因为从我过去一段时间的应用经验来看，现有的这些已经完全满足了我个人的需求。然而，其他人或许可以从这个基本方法中发展出新的想法，然后应用这些想法，从而提升这些基本方法的价值。

如果他们能够做到这一点，我可以肯定地告诉您，我是不会嫉妒他们的成功的！

本章操盘术

1.耐心等待—出手总是满载而归的关键点

★我从来没有担心过亏损，原因很简单，在指标发出信号时，立即采取行动，并且开始建立仓位。随后，唯一需要做的事情是静观其变，让市场自行发展。

★只要耐心等待、静观其变，市场也会在适当的时候发出信号，告诉我何时该获利出场。

★每次只要我失去耐心，未能等到关键点出现就进场，企图快速获利的结果，总是落得赔钱收场。

2.关键点启动后要立刻出手，该笔利润是市场波动与本金之间的安全边际

★如果没有及时进场，就会丧失一大段利润，而这段利润是我有勇气和耐心持有整个波段不可或缺的。

★在行情结束之前，市场总是不时地出现轻微的上下震荡，而这利润正是我不为所动并顺利通过难关的保障。

3. 大钱是靠时间因素累积而来

★"罗马不是一天建成的"，任何重大的趋势不会在一天或一周内结束，它需要一定的时间才能完成整个过程。

★大部分的市场变动都发生在整个过程的最后 48 小时，这是最重要的时刻，也就是说，在这段时间您一定要在场内并持有仓位。

4. 心中无多无空的偏见，只有向上或向下的方向

★我之所以没有使用"多头"或"空头"这样的字眼来阐述当时市场的趋势，原因在于许多人只要听到"多头"或"空头"，就会立即联想到市场将在很长的一段时间里按照"多头"或"空头"的方式运行。问题是，这种明确定义的趋势，并不经常发生，大约四五年才会出现一次，但在此期间还会出现许多持续时间相对较短的明确趋势。

★使用"上升趋势"和"下降趋势"这两个词，能恰如其分地表达市场在特定时间内发生的事情。如果您认为市场即将进入上升趋势而买进股票，几个星期之后，经过再次研究后得出结论，市场正在进入下降趋势，此时您会发现自己很容易就能接受趋势逆转的事实。

5. 要做交易记录，并结合时间因素，找出关键点

★利弗莫尔操盘法是结合时间因素与价格记录，经过 30 多年潜心研究的结果，这些原则是预测未来重要市场走势的基本指南。

★当我初次做交易记录时，发现它并没有带来多大的助益。在做了很多记录之后，我逐渐地开始发现前所未有的新想法，而我做的交易记录也渐渐浮现出越来越清晰的市场轮廓。

★我都以不同的方式，将每一笔交易记录整合在一起，而这些记录最终使我能确定关键点的位置，并且告诉我如何利用它们在市场上获利。从那时起，我已经多次改进自己的计算方法，而今天我所采用的记录方式，也同样能与您说话，只要您愿意听它们说。

★通过记录股价，并考虑时间因素，您就能够找到许多关键点，那里是您能参与市场快速移动的地方。但是，您要充分认识运用关键点交易是需要耐心的。您必须亲力亲为做记录，投入时间研究并标记关键点的价格。

★研究关键点的过程，就像挖掘金矿一样，令人难以置信的迷人，而您将从自己判断的成功交易中，获得一种独特的乐趣和满足感。听信明牌或高人指点，或许也能获得利润，但您会发现，凭借一己之力获得的利润，更能带来巨大的成就感。如果您自己发掘机会，按自己的方式交易，耐心等待，密切注意危险信号，您就能养成正确的思维。

★当您亲手记录股价，并且仔细观察不同的价格形态时，您的价格记录就会开始与您说话。您会在突然之间意识到，记录的资料正在形成某种特定的形态。它正在清晰地揭示逐步形成的市场局势。价格形态提醒您，每一次重大的市场变动，都只是历史重演，只要熟悉过去的走势，就能够正确地预测和应对即将到来的变动，并从中获利。

★我要强调一个事实。我不认为这些记录是完美的，不过它们对我的帮助是无可替代的。我清楚地知道，这些记录就是预测未来的基础，任何人只要愿意研究这些记录并亲手维护，那么他们在操作过程中就会获利。

★如果将来有人采用我做记录的方法，从市场上获得比我更多的利润，我一点都不会感到惊讶。这句话是基于这样一个前提：尽管我是在一段时间之前，通过分析行情记录，而得出自己的结论，但现在那些开始应用这个方法的人，可能很容易就会发现我遗漏的新价值点。

★其他人或许可以从这个基本方法中发展出新的想法，然后应用这些想法，从而提升这些基本方法的价值。如果他们能够做到这一点，我可以肯定地告诉您，我是不会嫉妒他们的成功的！

6. 关键点让您操盘更有依据，正确的交易时机靠自己挖掘

★当投机者能够确定某只股票的关键点，并运用关键点来解释市场行为时，他就有一定的把握能够建立从一开始就获利的仓位。

★使用关键点来预测市场走势时，必须牢记一点：如果该股票在穿越关键点之后，没有展现其应有的表现，这就是一个必须注意的危险信号。

★如果某只股票越过关键点后，缺乏持续的动力，则市场很容易掉头转

向，此时应当机立断，出清仓位。

7. 操盘经验值

★假设最近两三年上市的新股，其最高价为20美元，而这样的价格是两三年前创下的。如果这时发生对公司有利的事情，而且股票开始上涨，那么在它突破高价时，买进该股通常是十分安全的。

★商品交易经常出现具有吸引力的关键点。长久以来，可可豆不具有投机诱因。多年来，可可市场一直只有一般幅度的波动，这次急速的上涨，显然有十足充分的理由。原因是可可豆的供给出现了严重短缺，而那些密切关注关键点的人，在可可市场找到了一个绝佳机会。

8. 没有亲力亲为完成内化，没有使用的信心，无法交出漂亮的绩效

★很少有人能够根据偶尔的内幕消息，或他人建议而获利的。许多人乞求内幕消息，但他们并不知道如何使用。

第六章　棉花操盘失败赔钱的案例

要是真的有钱从天上掉下来，也不会有人硬把它塞进您的
口袋。

——杰西·利弗莫尔

杰西心法

根据我的习惯做法，首先要评估某只股票未来的潜力，然后确定什么价位可以进场。依据我的做法，选股进场程序依序说明如下：

（1）先评估股票的未来潜力，列为追踪股。

（2）记录行情，研究这几个星期的价格变动，找出关键点与下单时机。

（3）当股票来到关键点，记得观察股价穿越关键点的表现，借以判断行情是否发动了。

（4）依据关键点技巧，拿出勇气做第一笔交易。

（5）设定止损点。

（6）静待市场表现。若错了就止损，对了就找持续关键点再加码。

本章导引

从人性的角度来看，投资人的买卖时机是根据什么而来？您会发现一般人通常是通过经纪商会的推荐，听市场专家讲多空看法之后就进场操作，听明牌，听小道消息，依据大涨大跌等理由来下单买卖。

比较内行的老手，则是根据自己长期在市场上观察的价格变化、基本行情，形成一些潜意识或主观看法，依据自己的看法下单买卖。这两者之间的差别在于通过自己研究得到的结论，操作起来比较有信心，遇到状况时也会知道如何应对。

因此，如果当下单的依据与时机错了的时候，即便是高手也无法逃过因人性问题所犯下的错误，进而惨遭市场打击。利弗莫尔用棉花失败赔钱的案例提示我们失败的操盘术。

（1）全部下注，一次到位，是危险的做法。

（2）做多越买越高，做空越空越低。

（3）出手做第一笔交易的时机。

（4）来到关键点就进场，加上止损点策略。

（5）耐心等待交易时机是重要的。

（6）赔钱就是错的。

（7）潜意识的警告，是间接的危险信号。

（8）认真对待投机这件事。

接下来几章我将制定交易原理的通则。稍后我会具体说明我的交易规则，结合时间因素和价格的交易规则。

因为有一些交易原则使得太多的投机者冲动地买进或卖出股票，几乎把所有的仓位都建立在同一个价位上。这样的做法不但是错误的，而且是十分危险的。

如图 6-1，假设您想买进某只股票 500 股，您第一笔先买进 100 股。如果市场上涨了，再买进第二笔 100 股，以此类推。但是，后续买进的价格一定要比前一笔来得高。

同样的原则也适用于做空。除非价格低于前一笔，否则绝对不要再卖出下一笔。如果遵循这一原则，与采用任何其他方法相比，您会更接近市场正确的一边。原因在于，您在这样的状况之下操作，所有的交易自始至终都是获利的。获利事实的结果，证明您是对的。

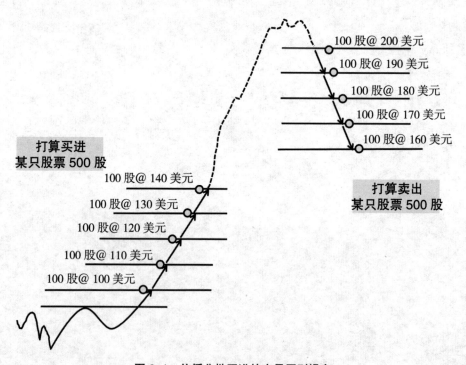

图 6-1　依循分批买进的交易原则操盘

根据我的习惯做法，您首先要评估某只股票未来的潜力。接下来，您要确定什么价位可以进场，这是最重要的一步。然后，研究您的价格记录，并仔细研究过去几个星期的价格变动。当选择的股票来到决定的进场点时，代表它真的要发动了，这正是出手做第一笔交易的时候。

当交易完成后，要确定万一判断错误时，愿意承担多大的风险。如果根据这个理论来操作，总有一两次是会亏损的。但是，**如果始终如一地坚持，只要来到关键点就再次进场，那么一旦真正的行情发动时，您已经在场内了，而且绝不会错过赚钱的机会。**

我想说，谨慎选择时机是至关重要的，操之过急则代价惨重。

现在我要告诉您，我是如何没有耐心等待交易时机，而错失了赚取百万美元利润的事情。每当我提到这件事时，总是感到无地自容。

许多年前，我非常看好棉花。心中已有了明确的想法，认为棉花即将大幅上涨。但是，就像过去经常发生的状况，虽然市场还没出现上涨的迹象，我却从刚得出的结论急急忙忙地一头栽进棉花市场。

我的第一笔交易是以市价买进 2 万包棉花（如图 6-2）。这笔买单使原本沉闷的市场一下子推升了 15 个点。然后，就在我的最后一笔 100 包成交后，市场开始下滑，价格在 24 小时内又回到了我当初进场的原点。之后，棉花毫

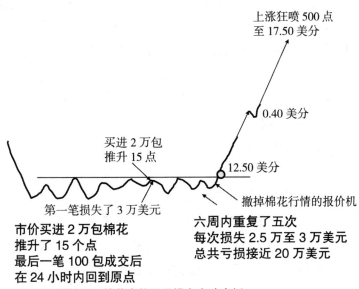

图 6-2　棉花走势图及操盘失败案例

无动静地沉睡了好几天，我感到厌烦，于是卖光了所有的仓位，包括佣金在内，损失了大约 3 万美元。不用说，卖出最后的 100 包棉花是在回调时的最低价成交的。

几天之后，该市场又再次吸引了我。它在我脑海中挥之不去，我也没有改变看好棉花即将大涨的信念。于是，我再次买进 2 万包棉花。同样的事情再度发生了。我的买单导致价格向上跳涨，之后又砰的一声跌回原点。等待让我厌烦，于是我再次出清仓位，而最后一笔再次卖在最低点。

这个代价高昂的操作我竟然在六周内重复了五次，每次操作的损失都在 2.5 万至 3 万美元之间。我对自己感到厌恶。我付出了将近 20 万美元，甚至没有一丝丝满足感。于是，我命令经纪人在第二天我进办公室之前，撤掉棉花行情的报价机。我不想再看棉花行情了，它让我非常沮丧，而这样的情绪不利于始终需要清晰思考的投机行业。

接下来发生了什么事？就在我移开行情报价机，并对棉花完全失去兴趣的两天后，市场开始上涨了，而且一路上涨狂奔 500 点。在这异于寻常的上涨中，仅出现过一次幅度高达 40 点的回调。

就这样，我失去了一次最具吸引力且最好的交易机会。归根结底，有两个原因。首先，我没有耐心等待上涨时刻的到来，我光看价格就决定开始操作。我知道，棉花价格只要来到每磅 12.50 美分，它就会继续往上涨。但是，我没有等待的意志力，我想在棉花到达买进点之前，抢先额外多赚一些钱，于是在市场时机成熟之前采取了行动。结果，我不仅损失了将近 20 万美元，还错过了 100 万美元的获利机会。根据我原先的计划，我打算在市场越过关键点之后分批买进 10 万包。如果我按计划行事，就不可能错过这波涨势中的 200 点或更多的利润了。

其次，仅仅因为自己判断错误，就纵容自己动怒而对棉花市场感到厌恶，这样的情绪不符合稳健的投机原则。我的损失完全是缺乏耐心造成的，我应该耐心等待适当的时机来支持原先的想法和计划。

犯了错，就不要找借口，这是所有人都应该牢记的。承认自己的错，并从中吸取教训。当我们犯错时，我们全都心里有数，而投机者犯错，市场就会立刻告诉他，因为他正在赔钱。一旦他意识到自己犯错，就应该马上出场，承担损失，尽量保持微笑，研究记录找出错误的原因，然后等待下一个大好机会出现。这应该就是他最感兴趣的结果。

这种在市场告诉您之前就知道自己犯错的感觉会及时出现，它是一种潜意识的警告，来自投机者对市场过去表现的了解。它有时候是制定交易原则的先导。接下来我将详细说明。

在 20 世纪 20 年代末的大多头市场中，我经常在同一时间点拥有大量不同的股票，并且持有相当长的时间。在此期间，经常会发生自然回调，但我从来没有对自己的仓位感到不安。

然而有一天，我在市场收盘后变得心神不宁。那天夜里我辗转反侧，感觉并意识到有什么事情要发生，于是我清醒过来并开始思考。第二天早上，我看着报纸，感到很害怕，似乎有种不祥之兆。然而事实可能正好相反，我发现一切都美好，而那些奇怪的感觉显然是毫无根据的。市场开高，表现得很完美，它正处于波段的最高点。想起自己彻夜难眠这件事，别人会因此而笑出声来，但我已经学会了抑制这种笑声。

又过了一天，市场情况大不相同。虽然没有灾难性的消息，但市场在朝某个方向长期波动之后，突然出现反转。那一天真的内心很不平静，我面临了大量快速清仓的压力。前一天，我本可以在极端高价的两个点之内轻松出清所有的仓位，但今天的状况却完全不同了。

我相信，很多操盘人都有过类似的经验，当市场上一切都充满希望时，其内心却有一种奇怪的感觉，不时地发出危险信号。事实上，这是他们对市场的长期研究和历练出来的一种特殊感觉。

坦白说，**我总是怀疑这种发自内心的警告，我宁愿采用较客观的科学原则。但事实是，我曾多次留意自己极度不安的感觉，因而获益良多。**

这种微妙且间接的交易信号很有意思，因为这种就在眼前的危险感觉似乎只有那些对市场行为敏感，同时以科学方法来判断价格变动的人，才能感受得到。对于一般投机者来说，看多或看空的感觉只不过是基于无意中听到的消息，或是一些已发表的评论。

请记住，在所有市场上投机的数百万人中，只有少数人愿意将全部的时间用于投机。对绝大多数人来说，投机只不过是碰运气，而且代价高昂。至于那些精明的生意人、专业人士和退休人士，他们也将投机视为副业，而不肯多费心思。如果不是某个经纪人或客户提供诱人的内幕消息，他们绝大多数的人都不会买卖股票。

我们经常听到某一个人开始买卖股票，因为他从某家大企业的内部人士那里得到了可靠的内幕消息。现在，我就来讲一个假设的案例（如图6-3）。

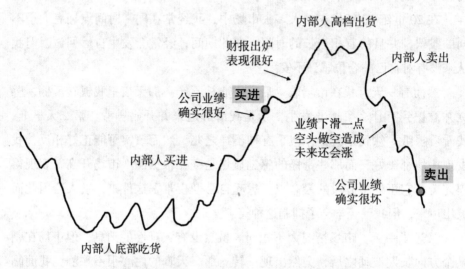

图6-3 内部人、外部人与股价走势循环周期

假设您在午宴或晚宴上遇见了一位某公司的内部人士。你们先聊了一会儿一般的商业话题，然后您问了一下 Great Shakes 公司的情况。——嗯，生意很好，刚刚走出谷底，未来前景一片光明。是的，该股票目前极具吸引力。

"的确，它是非常适合买进股票的。"他也许是真诚地说，"我们的收益将非常好，事实上比过去几年还要更好。吉姆，肯定您还记得，上一次我们生意兴隆时股票的价格是多少。"

您心动了，迫不及待地买进了这只股票。

当季报公布时，所有的报表都显示当季的业绩比上一季更好。公司宣布派发额外的股息。股票价格涨了又涨，于是您飘飘然，沉醉于纸上富贵的美梦中。然而，随着时间的推移，该公司业绩开始急剧下滑。没有人告诉您这个事实，您只知道股价暴跌，于是赶紧打电话给您的那位朋友。

"是的，"他会说，"股票已经下跌了不少，但这只是暂时的。我们的营业额是有些下滑，而看空的人听到这消息就大举做空了。股价下跌主要是空头打压造成的。"

　　他也许还会说些陈词滥调来隐藏真正的原因，因为他和他的伙伴们毫无疑问地拥有大量的股票，而且从他们的营业额出现严重下滑的迹象之后，就一直在市场上大卖股票。如果告诉您真相，岂不是邀请您和他们竞相做卖出的动作？这就变成了一种自我保护的状况。

　　很明显，这就是为什么这位公司内部人士可以轻易地告诉您何时买进，但他不能也不愿意告诉您何时该卖出。那样做几乎等同于背叛了他的同伙。

　　我建议您随身携带一个小笔记本，记下一些有趣的市场信息；对未来可能有用的想法；可以不时重温的见解；还有一些您对价格变动的个人观察。在这个小笔记本的第一页，我建议您写上——不，最好打印出来：

　　"提防内幕消息……

　　所有的内幕消息。"

　　在投机和投资的领域中，成功只属于那些肯付出努力的人，这一点再怎么强调也不为过。天底下没有不劳而获的事。这就像那个身无分文的流浪汉的故事。饥肠辘辘的他壮起胆走进一家餐馆，点了一份"又大、又香、又厚、又多汁的牛排"，他还对那个服务员说："叫你们老板快一点。"过了一会儿，那位服务员慢吞吞地走回来，嘀咕地说："我们老板说，要是有这样的牛排，他就自个儿吃了。"

　　要是真的有钱从天上掉下来，也不会有人硬把它塞进您的口袋。

本章操盘术

1. 全部下注，一次到位，是危险的做法

　　★太多的投机者冲动地买进或卖出股票，几乎把所有的仓位都建立在同一个价位上。这样的做法非但错误，而且十分危险。

2. 做多越买越高，做空越空越低，才是对的交易原则

　　★若您想买进某只股票500股。您第一笔先买进100股。如果市场上涨了，再买进第二笔的100股，以此类推。但是，后续买进的价格一定要比前

一笔更高。同样的原则也适用于做空。除非价格低于前一笔，否则绝对不要再卖出下一笔。如果遵循这些原则，与采用任何其他方法相比，您会更接近市场正确的一边。原因在于，这样做将使您所有的交易自始至终都是获利的，而您的交易显示，获利的事实证明您是对的。

3. 出手做第一笔交易的时机

★首先要评估某只股票未来的潜力。接下来，您要确定什么价位可以进场，这是最重要的一步。

★研究您的价格记录，并仔细研究过去几个星期的价格变动。当您所选的股票来到您之前决定的进场点时，代表它是真的要发动了，这正是您出手做第一笔交易的时候。

4. 来到关键点就进场，加上止损点策略

★当交易完成后，您要确定万一判断错误时，您愿意承担多大的风险。如果根据这一理论操作，也许会有一两次是亏损的。但是，如果您始终如一地坚持，只要来到关键点就再次进场，那么一旦真正的行情发动时，您已经在场内了，而且绝不会错过赚钱的机会。

★一旦意识到自己犯错，就应该马上出场，承担损失，尽量保持微笑，研究记录找出错误的原因，然后等待下一个大好机会。

5. 耐心等待交易时机是重要的

★谨慎选择时机是至关重要的，操之过急则代价惨重。

★棉花交易失败，有两个原因：首先，我没有耐心等待心理时刻的到来，我光看价格就决定开始操作。其次，仅仅因为自己判断错误，就纵容自己动怒，而对棉花市场感到厌恶，这样的情绪不符合稳健的投机原则。

★我的损失，完全是来自缺乏耐心造成的，我应该耐心地等待到适当的时机，来支持原先的想法和计划。

6. 赔钱就是错的

★犯了错，不要找借口，这是所有人都应该牢记的。承认自己的错，并

从中汲取教训。

★当我们犯错时，我们全都心里有数，而投机者犯错，市场就会立刻告诉他，因为他正在赔钱。

7. 潜意识的警告，就是间接的危险信号

★在市场告诉您犯错之前，就知道自己的错误感觉会及时出现，它是一种潜意识的警告，来自投机者对市场过去表现的了解。这种潜意识有时是制定交易原则的根据。

★当市场上一切都充满希望时，其内心却有一种奇怪的感觉，不时地发出危险信号。事实上，这是他们对市场的长期研究和历练出来的一种特殊感觉。

★我总是怀疑这种发自内心的警告，我宁愿采用客观的科学原则。但事实是，我多次留意自己极度不安的感觉而获益良多。

★这种微妙与间接的交易信号很有意思，因为这种前方危险的感觉似乎只有那些对市场行为敏感，同时以科学方法来判断价格变动的人，才能感受得到。

8. 认真对待投机这件事

★在所有市场上投机的数百万人中，只有少数人将全部的时间用于投机。对绝大多数人来说，投机只不过是碰运气，而且代价高昂。

★那些精明的生意人、专业人士和退休人士，他们也将投机视为副业，而不肯多费心思。如果不是某个经纪人或客户提供诱人的内幕消息，他们绝大多数人都不会买卖股票。

★对于一般投机者来说，看多或看空的感觉，只不过是基于无意中听到的消息，或是一些已发表的评论。

★我们经常听到某某人开始交易股票，因为他从某家大企业的内部人士那里得到了可靠的内幕消息。我想说："提防内幕消息，而且是所有的内幕消息。"

扫码观看，齐克用讲解棉花失败案例

第七章　小麦关键点赚大钱的案例

我知道，当上升趋势达到其关键点时，我会及时收到危险信号，并有充裕的时间出场。

——杰西·利弗莫尔

杰西心法

操盘过程中，不是只有一个关键点，进场有进场的关键点。当趋势持续时，有趋势持续关键点。随着市场走势的延伸，在这一过程中可能有好几个关键点等待您研判。每个关键点都有其应该观察的重点、注意的情况，以及执行的策略。走势还没发展到那个位置时，任何人都无法预测当时会出现什么样的状况，故谁也无法预估当时别人与自己的投资心理会怎么样变化。

本章导引

即便您拥有大师的操盘工具，也具备了正确的操盘逻辑，假如您没有耐心等待关键点的到来，或者进场之后没有耐心地等待利润逐渐变大，您还是赚不到大钱。耐心等待赚大钱的机会。做对时，耐心能让小钱变大钱，就能在股市里赚到钱。这在人性中的情绪管理是重要的课题。利弗莫尔的获利细节及其操盘术如下：

（1）操盘时，注意股价的波动与行为。

（2）快速调整到对的位置。

（3）注意相关系数高的跨市波动。

（4）注意市场参与者的行为，别人的犯错行为是您利润的来源。

（5）从股价波动的模式推演出市场参与者的行为。

（6）主力进行试单，印证自己的推演。

（7）出场技巧决定了操盘绩效。

（8）现在的空单仓位，是未来的积极买盘。

（9）交易制度会改变，技巧必须调整。

在前一章棉花失败案例中，我举例说明了自己由于缺乏耐心等待，而与庞大的利润失之交臂。现在，我要讲一个成功的例子，这一次我耐心等待并静观其变，直到关键时刻的到来。

1924 年夏天，小麦来到了我所说的关键点，因此我进场买进第一笔小麦 500 万蒲式耳。当时小麦市场是一个非常大的市场，因此执行这种规模的买单对价格并没有明显影响。如果您没有概念，不知道这一笔买单到底有多大，我来告诉您，它相当于买进某只股票 5 万股。

这笔买单成交后，市场立即变得沉闷并持续了几天，但在这期间从未跌破关键点。后来市场再次开始上涨，并且达到比前一波高点高出几美分的价位。然后在这个高点出现了正常回调，市场沉闷了几天，之后又开始上涨了（如图 7-1）。

当它向上穿越了下一个关键点时，我立刻买进第二笔 500 万蒲式耳。这笔买单的平均成交价比关键点高出 1.5 美分。在我看来，这一点清楚地表明，

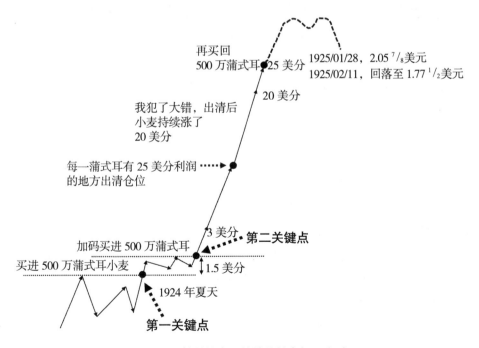

再买回
500 万蒲式耳 25 美分

1925/01/28，2.05 $\frac{7}{8}$美元
1925/02/11，回落至 1.77 $\frac{1}{2}$美元

20 美分

我犯了大错，出清后
小麦持续涨了
20 美分

每一蒲式耳有 25 美分利润
的地方出清仓位

3 美分 → 第二关键点

加码买进 500 万蒲式耳

买进 500 万蒲式耳小麦

1.5 美分

1924 年夏天

第一关键点

图 7-1 反转关键点、持续关键点加码法则

市场正处于强势状态。何以见得呢？因为买进第二笔 500 万蒲式耳的过程比第一笔困难得多了。

隔天，市场并没有像第一笔买单那样出现回调，而是上涨了 3 美分，如果我对市场的分析是正确的，那么市场就应当如此表现。从那时起，小麦市场逐步展开了所谓的真正牛市。我的意思是，一场大规模的波动已经开始，我估计它会持续好几个月。然而，我并没有完全意识到未来的所有可能性。当每蒲式耳小麦有 25 美分的利润时，我出清了所有的仓位，然后眼睁睁地看着它在几天之内继续上涨了 20 多美分。

这时我才意识到自己犯了大错。为什么我要害怕失去那些自己未曾真正拥有的东西呢？我本应该有耐心和勇气持有仓位坐等行情结束，但我却急于将账面利润转换成现金。我知道，当上升趋势达到其关键点时，我会及时收到危险信号，并有充裕的时间可以从容出场。

于是，我决定再次进场，而重新买进的平均价格大约比当初卖出的价格高出 25 美分。不过，现在我只敢买进 500 万蒲式耳，相当于当初卖出数量的一半。然后，从那时起，我就一直持有仓位，直到市场发出危险信号。

1925 年 1 月 28 日，五月小麦以每蒲式耳 2.05 $^7/_8$ 美元的高价成交。2 月 11 日，价格回落 1.77 $^1/_2$ 美元。就在小麦市场出现惊人的上涨行情的同时，还有另一种商品——裸麦，它的上涨过程甚至比小麦更惊人。不过，与小麦市场相比，裸麦市场非常小，因此一笔数量不大的买单就会导致价格快速上涨。

在操作上述小麦商品的过程中，我在市场上经常持有庞大的仓位，其他人也和我一样，持有很大的仓位。据说，有一位操作者买进了数百万蒲式耳的小麦期货合约，同时还囤积了数百万蒲式耳的小麦现货。不仅如此，为了支撑小麦仓位的价格，他还囤积了大量的裸麦现货。据说他曾多次利用裸麦市场来支撑小麦价格，尤其是小麦开始下跌时，他就下单买进裸麦。

如前面所述，裸麦市场的规模相对较小，任何大笔买单都会立即引起价格快速上涨，而且对小麦价格的反应必然非常明显。每当有人采用这种做法时，大众就会蜂拥买进小麦，结果小麦的价格就被推升到了新高价。

这个过程一直顺利地进行着，直到市场大趋势结束。当小麦价格向下回落时，裸麦也亦步亦趋地下跌，从 1925 年 1 月 28 日的最高点 1.82 $^1/_4$ 美元，下跌到 1.54 美元，跌幅达 28 $\frac{1}{4}$ 美分，与此同时小麦的下跌幅度也达 28 $\frac{3}{8}$ 美分。3 月 2 日，五月小麦回升到前一次最高点之下 3 $\frac{7}{8}$ 美分的位置，价格为 2.02 美元，但裸麦并没有像小麦那样从跌势中强劲恢复，只来到 1.70 $\frac{1}{8}$ 美元的价位，比前一次最高点低了 12 $\frac{1}{8}$ 美分（如图 7-2）。

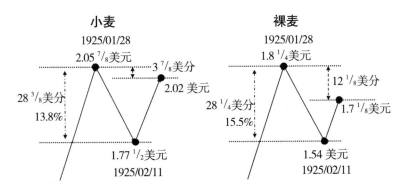

	小麦		裸麦	
01/28	2.05 $\frac{7}{8}$ 美元		1.82 $\frac{1}{4}$ 美元	
02/11	1.77 $\frac{1}{2}$ 美元	下跌 28 $\frac{3}{8}$ 美分 (13.8%)	1.54 美元	下跌 28 $\frac{1}{4}$ 美分 (15.5%)
03/02	2.02 美元	反弹至离高点 3 $\frac{7}{8}$ 美分	1.70 $\frac{1}{8}$ 美元	反弹至离高点 12 $\frac{1}{8}$ 美分

图 7-2　小麦与裸麦正相关走势解读

　　这段时间我一直密切观察市场，我强烈地感到有些不对劲，因为在整个大多头市场中，裸麦总是领先小麦上涨。现在，它不但没能领先其他谷物上涨，反而走势落后，而小麦已经收复了大部分的跌幅，但裸麦却没有做到，每蒲式耳还差 12 美分。这样的情形完全不同于往常，是危险信号。

　　于是，我开始仔细分析，以确定裸麦没有和小麦同比例地回升的原因。原因很快就水落石出了。公众对小麦市场很感兴趣，但对裸麦市场没有兴趣。如果裸麦是单一主力的市场，那么公众为什么在突然之间就不再关注它呢？我的结论是，公众要不是对裸麦不再感兴趣而退出了市场，就是在这两个市场中都投入颇深，以至于没有余力进一步加码了。

　　我当下就认定，无论他是在买或卖裸麦都没有区别，市场最终的结果都是一样的，于是我开始检验自己的推论。

裸麦最新的叫价是 1.69 $\frac{3}{4}$ 美元。为了确定裸麦的真实状况，我下了一笔卖单，以市价卖出 20 万蒲式耳的裸麦，这时小麦的价格是 2.02 美元。裸麦因我这笔卖单下跌了 3 美分，两分钟之后价格又回到了 1.68 $\frac{3}{4}$ 美元（如图 7-3）。

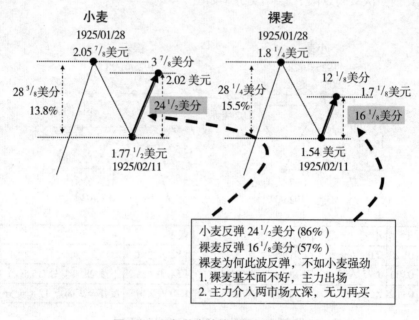

图 7-3　正相关走势的逻辑与操盘法则

通过上述交易的执行情况，我发现市场上的买卖单并不多。然而，我还是不能确定之后会发生什么，于是我再次下单卖出第二笔 20 万蒲式耳，结果大致相同——卖单完全成交前下跌了 3 美分，但成交后只弹升了 1 美分，连先前 2 美分的幅度都没有达到。

我对自己的市场情况分析还是有些存疑，于是我又下了第三笔 20 万蒲式耳的卖单，结果还是一样——市场再次下跌，但这次没有反弹，它顺着自己的势头继续下跌。

这就是我一直在注意和等待的信号（如图 7-4）。我确信，如果有人在小麦市场持有大量的仓位，却为了某种原因没有保护裸麦市场（他的原因为何我并不关心），那么他同样没有能力去支撑小麦市场。因此，我立即以市价卖出 500 万蒲式耳的五月小麦，成交价从 2.01 美元到 1.99 美元。那一天晚上收

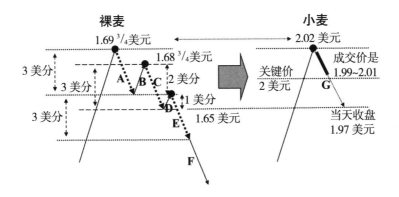

A：市价卖出 20 万蒲式耳裸麦，下跌 3 美分
B：反弹 2 美分
C：市价卖出 20 万蒲式耳裸麦，下跌 3 美分
D：反弹 1 美分
E：市价卖出 20 万蒲式耳裸麦，下跌 3 美分
F：裸麦没反弹，持续下跌
G：市价做空 500 万蒲式耳小麦，小麦成交价是
　　2.01~1.99 美元，当天收盘在 1.97 美元

图 7-4　小麦与裸麦正相关实操技巧

盘，小麦收在 1.97 美元附近，裸麦收在 1.65 美元。我很高兴最后一部分的成交价低于 2 美元，因为 2 美元是一个关键点，而且市场已经跌破了这个关键点，让我对自己的仓位感到安心。当然，我从不担心那笔交易。

　　几天后，我平掉了自己的裸麦仓位。当初卖出裸麦只是试验性的操作，目的是要确定小麦市场的状态，结果这些裸麦仓位让我获得了 25 万美元的利润。

　　与此同时，我继续卖出小麦，直到累积了 1500 万蒲式耳的空头仓位。3 月 16 日，五月小麦收盘收在 1.64 ¹/₂ 美元，第二天一早，利物浦市场开出低于平盘 3 美分的盘价，以平价基准计算，美国市场将开在 1.61 美元附近。

　　这时，我做了一件经验告诉我不该做的事，也就是在市场开盘前以限价挂单。然而，情绪的诱惑淹没了理智的判断，我用限价单 1.61 美元回补 500 万蒲式耳，这个价格比前一天收盘价低 3 ¹/₂ 美分。开盘价的区间从 1.61 美元到 1.54 美元。我对自己说："明知故犯，活该这样的下场。"这一次还是人性的弱点压倒了直觉判断。我毫不怀疑，我的买单将按照我的限价1.61美元成交，也就是在当天开盘价格区间的最高价买进。

就这样，当我看到1.54美元的价格时，我下了另一笔买单，回补500万蒲式耳。我马上就收到了一份成交回报："买进500万蒲式耳五月小麦，1.53美元成交。"

我又再次下了一笔买单，回补500万蒲式耳。不到一分钟，成交回报就来了："买进500万蒲式耳，1.53美元成交。"我很自然地认为这就是我第三笔买单的成交回报。随后，我要到了第一笔买单的成交报告。我拿到的成交回报如下（见表7-1）：

第一次买进500万蒲式耳，1.53美元成交。

第二次买进500万蒲式耳，1.53美元成交。

第三次分三笔买进500万蒲式耳，成交价如下：

350万蒲式耳，1.53美元成交；

100万蒲式耳，$1.53\frac{1}{8}$美元成交；

50万蒲式耳，$1.53\frac{1}{4}$美元成交。

当天的最低价为1.51美元，第二天小麦又回到了1.64美元。根据我过去的经验，我的限价单从来没有像这样成交的。我的限价单是以1.61美元的价格要买进500万蒲式耳，而市场却开出1.54美元，比1.61美元低7美分，这个差距意味着我凭空赚进了35万美元。

表7-1　小麦空单回补实操下单技巧

	下单（1500万蒲式耳空单）	成交
第一次	利物浦下跌，预期美国开盘在1.61美元，开盘前即以1.61美元限价挂单，买进500万蒲式耳回补。	开盘价的区间是1.61~1.54美元。误以为买单成交在1.61美元，当天最高价。事实是成交回报在第二次下单之后，回报的1.53美元。
第二次	当价格到1.54美元时，我又以市价买进500万蒲式耳回补。	立刻收到回报成交价在1.53美元，但这是第一次下单的回报。事实是成交回报在第三次下单之后，回报的1.53美元。
第三次	价格在1.53美元时，再以市价买进500万蒲式耳回补。	第三次下单之后，回报的1.53美元，是第二次下单的回报。第三次下单后的回报： 第一笔：350万蒲式耳，1.53美元成交； 第二笔：100万蒲式耳，$1.53\frac{1}{8}$美元成交； 第三笔：50万蒲式耳，$1.53\frac{1}{4}$美元成交。

不久之后，我有事去芝加哥，我询问负责给我下单事宜的那位先生，我的第一笔限价买单执行得这么漂亮，到底是怎么回事。他告诉我，当时他碰巧知道市场上有人以市价要卖出3500万蒲式耳的小麦。既然如此，他意识到无论市场开盘有多低，开盘后会有大量的小麦以低于开盘价的价格卖出，所以他只是等到开盘价格区间出来，然后以市价挂出我的买单。

他说，要不是我的那些买单及时到达交易场内，市场很有可能从开盘的价位大幅下跌。

这几笔交易的最终结果显示获利超过了300万美元。

这说明了在投机市场持有空头仓位的价值，因为持有空头仓位的人将成为积极买家，而那些积极买家在市场恐慌时刻可以发挥急需的稳定作用。

现在像这样的操作已经不可能了，因为商品交易管理局将个人在谷物市场上所持有的仓位规模限制在200万蒲式耳以内。此外，尽管股票市场并没有限制个人的仓位规模，但是按照现行的做空规则，操作者同样不可能建立大规模的空头仓位。

因此，我认为老投机者的时代已经过去了，未来他们的位置将被"半投资者"所取代。尽管这些"半投资者"无法在市场上快速赚到如此巨大的钱，但他们能够在一段时间内赚到更多的钱，并且能够保住它。我相信，未来成功的"半投资者"只会在关键的心理时刻进场操作，并且能够从每一次或大或小的变动中获得更高比例的利润，也比纯粹投机思维的操作者获得更多。

本章操盘术

1. 全部下注，一次到位，是危险的做法

★太多的投机者冲动地买进或卖出股票，几乎把所有的仓位都建立在同一个价位上。这样的做法非但错误，而且十分危险。

2. 操盘时，注意股价的波动与行为

★小麦来到了我所说的关键点，因此我进场买进第一笔小麦500万蒲式

耳。当时小麦市场是一个非常庞大的市场，因此执行这种规模的买单，对价格并没有明显的影响。

★当它向上穿越了下一个关键点时，我立刻买进第二笔 500 万蒲式耳。这笔买单的平均成交价比关键点高出 1.5 美分。在我看来，这一点清楚地表明，市场正处于强势状态。

★如果我对市场的分析是正确的，那么市场就应当如此表现。从那时起，小麦市场逐步展开了所谓的真正牛市。我的意思是，一场大规模的波动已经开始，我估计它会持续好几个月。

★为什么我要害怕失去那些自己未曾真正拥有的东西呢？我本应该有耐心和勇气持有仓位坐着等到行情结束，但我却急于将账面利润转换成现金。我知道，当上升趋势达到其关键点时，我会及时收到危险信号，并有充裕的时间可以从容出场。

3. 快速调整到对的位置

★我决定再次进场，而重新买进的平均价格，大约比当初卖出的价格高出 25 美分。不过，现在我只敢买进 500 万蒲式耳，相当于当初卖出数量的一半。然后，从那时起，我就一直持有仓位，直到市场发出危险信号。

4. 注意相关系数高的跨市波动

★就在小麦市场出现惊人的上涨行情的同时，还有另一种商品——裸麦，它的涨势甚至比小麦更惊人。不过，与小麦市场相比，裸麦市场非常小，因此一笔数量不大的买单，就会导致价格快速上涨。

★裸麦市场的规模相对较小，任何大笔买单都会立即引起价格快速上涨，而且对小麦价格的反应，必然是非常明显。每当有人采用这种做法时（利用裸麦市场来支撑小麦价格），大众就会蜂拥买进小麦，结果小麦的价格就被推升到了新高价。这种情形会一直顺利地进行着，直到市场大趋势结束。

5. 注意市场参与者的行为，别人的犯错行为是您利润的来源

★在操作上述商品的过程中，我在市场上经常持有庞大的仓位，其他人也和我一样，持有很大的仓位。为了支撑小麦仓位的价格，他还囤积了大量

的裸麦现货。据说他曾多次利用裸麦市场来支撑小麦价格，尤其是小麦开始下跌时，他就下单买进裸麦。

6. 从股价波动的模式推演出市场参与者的行为

★这段时间我一直密切观察市场，我强烈地感到有些不对劲，因为在整个大多头市场中，裸麦总是领先小麦上涨。现在，它不但没能领先其他谷物上涨，反而走势落后，而小麦已经收复了大部分的跌幅，但裸麦却没有做到，这样的情形完全不同于往常。

★我开始仔细分析，以确定裸麦没有和小麦同比例地反弹的原因。原因很快就水落石出了。公众对小麦市场很感兴趣，但对裸麦市场没有兴趣。

★我的结论是，他要不是对裸麦不再感兴趣而退出了市场，就是在这两个市场中都投入颇深，以至于没有余力进一步加码了。我当下就认定，无论他是在买或卖裸麦都没有区别，市场最终的结果都是一样的，于是我开始检验自己的推论。

7. 主力进行试单，印证自己的推演

★通过上述交易的执行情况，我发现市场上的买卖单并不多。然而，我还是不能确定之后会发生什么，于是我再次下单卖出第二笔20万蒲式耳，结果大致相同——卖单完全成交前下跌了3美分，但成交后只弹升了1美分，连先前2美分的幅度都没有达到。

★我对自己的市场情况分析还是有些存疑，于是我又下了第三笔20万蒲式耳的卖单，结果还是一样——市场再次下跌，但这次没有反弹，它顺着原趋势继续下跌。这就是我一直在注意和等待的信号。

★我确信，如果有人在小麦市场持有大量的仓位，却为了某种原因没有保护裸麦市场（他的原因为何我并不关心），那么他同样没有能力去支撑小麦市场。

★2美元是一个关键点，而且市场已经跌破了这个关键点，让我对自己的仓位感到安心。当然，我从不担心那笔交易。几天后，我平掉了自己的裸麦仓位，结果这些裸麦仓位让我获得了25万美元的利润。

8. 出场技巧决定操盘绩效

★我做了一件经验告诉我不该做的事，也就是在市场开盘前以限价挂单。然而，情绪的诱惑淹没了理智的判断，我用限价单 1.61 美元回补 500 万蒲式耳，这个价格比前一天收盘价低 3 $\frac{1}{2}$ 美分。我的买单将按照我的限价 1.61 美元成交，也就是在当天开盘价格区间的最高价买进。

★当我看到 1.54 美元的价格时，我下了另一笔买单，回补 500 万蒲式耳。我马上就收到了一份成交回报："买进 500 万蒲式耳五月小麦，1.53 美元成交。"

★我又再次下了一笔买单，回补 500 万蒲式耳。不到一分钟，成交回报就来了："买进 500 万蒲式耳，1.53 美元成交。"

★询问负责替我下单事宜的那位先生，我的第一笔限价买单执行得这么漂亮，到底是怎么回事。他告诉我，当时他碰巧知道市场上有人以市价要卖出 3500 万蒲式耳的小麦。既然如此，他意识到无论市场开盘有多低，开盘后会有大量的小麦以低于开盘价的价格卖出，所以他只是等到开盘价格区间出来，然后以市价挂出我的买单。这几笔交易的最终结果显示获利超过了 300 万美元。

9. 现在的空单仓位，是未来的积极买盘

★在投机市场持有空头仓位的价值，因为持有空头仓位的人将成为积极买家，而那些积极买家在市场恐慌时刻，可以发挥急需的稳定作用。

10. 交易制度会改变，技巧必须调整

★现在像这样的操作已经不可能了，因为商品交易管理局将个人在谷物市场上所持有的仓位规模限制在 200 万蒲式耳以内。此外，尽管股票市场并没有限制个人的仓位规模，但是按照现行的做空规则，操作者同样不可能建立大规模的空头仓位。尽管在市场上无法快速赚到如此巨大的钱，但仍能在一段时间内赚到更多的钱并且能够保住它。

第八章　根据交易原理通则操盘

这些记录明白地告诉我，它们不会帮助我追逐行情间的微小波动，但只要我睁大眼睛，就能看到预示重大波动的价格形态。

——杰西·利弗莫尔

杰西心法

您应该仔细阅读本章至第十章的操盘通则，因为在这里您会看到如水晶球般的透明度，为您解密股价运行模式。这里为您提供了良好的买卖点参考，因为把原本不确定的价格猜测，变成有科学依据的操盘通则；把不知所措的想法，回归到价格的本质。

记录价格形态，然后寻找自己想要交易的形态，辨识交易机会。

（1）注意价格形态，而非单一价格。

（2）学习判断重大走势才能赚到钱。

（3）亲力亲为制作未来走势预测图（股价运行的六个循环周期）。

（4）辨识自然反弹（或自然回调）还是市场趋势反转。

（5）运用关键点技巧归纳股价的运行路径。

（6）由姊妹股找关键点。

（7）勇于执行关键点带来的信号。

（8）不如预期，应立刻采取行动。

本章导引

利弗莫尔还是在空桶店里抄黑板的小子时，他就问自己："股价为何总是跳个不停？""股价会一开始就讲真话吗？"后来经历过一生的操盘，累积了多少的赔光再赚回的经验，最终成为伟大的作手。他的关键点赚钱技巧在本书第五章至第十章，完全公开。看似复杂的规则，通过注解、归纳与图解说明，一幅股价运行图与其中的价格波动，就能看得一清二楚。

利弗莫尔如何运用操盘通则和六栏记录呢？

（1）首先他对大环境或新闻事件有看法时，也就是他讲的"基本行情"等。来到操盘端，该在哪个关键点下单呢？靠的是六栏记录，用来看清大小波段与转折点，找出进场点、加码点、出场点。通过六栏记录，删除操作细微波的震荡，从底部买进，以及过程中越过关键点不断加码的仓位。能把手中的仓位抱稳，走完整个大波段，尤其是在最后24个小时更应该在持有中，如此才能赚到大钱，进而成就一位在大行情下的交易赢家。

（2）检查每一笔交易，并且和自己所做的笔记逐一对照。所有的交易都有做笔记，记录自己的买进或做空理由，还有出场原因。

这套完整的心智模式可帮您思考，在什么情况下才能走到捕捉大行情的赢家位置。本书每章都有说不完的精彩，他的成长历程，带我们从繁杂的研判过程，走进了精简的六栏记录。带给读者的是，有操盘技能正在加速进展的感觉，至今也只有这本书做得到。在投资市场里，有很多书都是引导您走捷径，引导您学到一些虚有其表的招数。而利弗莫尔告诉您的是如何避免犯错。在本章他认为过度操作细微波是错误的，它让您无法赚到大钱。

　　在我一生中有许多年都致力于投机，直到我意识到股市没有什么新鲜事，价格变动只是一再重复，尽管各种股票的具体情况各有不同（如图 8-1、图 8-2），但它们的价格形态却是相同的。

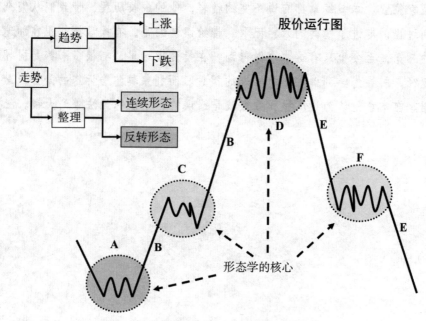

图 8-1　每一档股票走势都依股价运行图进行

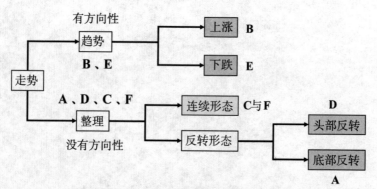

图 8-2　走势形态依股价运行图分为五种

正如前面所说的，我迫切需要价格记录，它可以作为预测价格波动的指南。我满怀热情地投入这项工作，于是我开始努力寻找一个出发点，来帮助我预测未来的市场波动。这可不是一件容易的事。

现在回顾那些最初的努力，就能理解，当时为什么不能马上获得成果。那时，我满脑子只想投机，想要设计一套可以时时刻刻进出市场的交易方法，用以捕捉所有波动中的细微波动。这是不对的，我清楚地认识到这一事实。

我继续做我的价格记录，我确信它们具有真正的价值，只等待我去发掘。经过不断地努力，其中的秘密终于揭晓了。这些记录明白地告诉我，它们不会帮助我追逐行情间的微小波动，但只要我睁大眼睛，就能看到预示重大波动的价格形态。

当下我就下定决心不再考虑所有的微小波动。

经过不断地仔细研究许多记录，我突然意识到，为了正确判断真正重大波动的形成，时间因素是至关重要的。于是，**我重新投入研究时间这个因素，并且试图发掘一种方法来识别微小的波动。我意识到，即使市场处于明显的趋势中，其中的过程仍然会出现许多小规模的震荡**。它们一直令人很困惑，但它们已不再是我关注的问题了。

我想找出自然回调和自然反弹的构成要件，于是我开始检查价格变动的幅度。最初，我计算的基本单位是一个点，这并不合适。接着是两个点，以此类推，直到最后我终于找到构成自然回调或自然反弹的波动幅度。

为了便于说明，我特别设计了一份表单，上面有不同的栏位，而通过这样的排列，构成了我所称的未来走势预测图。每一只股票有六个栏位，其价格按照规定分别记录在每一列内。这六个栏位的标题分别是：

第一栏：次级反弹，用铅笔记录（灰字）；

第二栏：自然反弹，用铅笔记录（灰字）；

第三栏：上升趋势，用黑笔记录（黑字）；

第四栏：下降趋势，用红笔记录（红字）；

第五栏：自然回调，用铅笔记录（灰字）；

第六栏：次级回调，用铅笔记录（灰字）。

填入上升趋势栏位内的数字，以黑笔为之。自然反弹和次级反弹，则以铅笔为之。填入下降趋势栏位内的数字，以红笔为之。自然回调和次级回调，

利弗莫尔六栏记录对照

	次级反弹	自然反弹	上升趋势	下降趋势	自然回调	次级回调	次级反弹	自然反弹	上升趋势	下降趋势	自然回调	次级回调	次级反弹	自然反弹	上升趋势	下降趋势	自然回调	次级回调
	短多	中多	长多	长空	中空	短空	短多	中多	长多	长空	中空	短空	短多	中多	长多	长空	中空	短空
	灰字	灰字	黑字	红字	灰字	灰字	灰字	灰字	黑字	红字	灰字	灰字	灰字	灰字	黑字	红字	灰字	灰字
			82.75						100						182.75			
				70.5						83.75						154.25		
1939	美国钢铁						伯利恒钢铁						关键价格					
11/24			66.875						81						147.875			
11/25										80.75						147.625		

图8-3　手稿中的六栏记录对照图

亦以铅笔为之。

如此一来，每当我将价格记录在上升趋势或下降趋势栏位时，都能够对当时的实际趋势印象深刻。这些有颜色的数字会对我说话（详见海报16张手稿图表）。我持之以恒，不管是红字、灰字还是黑字，都会明明白白地告诉我真相。

当我使用铅笔记录时，我知道我注释的是自然震荡。

我认为，价格大约30美元或更高的某只股票，必须从极端的价位开始反弹或回调大约 6 点的幅度，然后我才能意识到市场正在形成自然反弹或自然回调。这样的反弹或回调并不意味市场趋势已经改变了方向，它只是表明市场正在经历自然波动，而市场趋势仍然与之前完全相同。

在此我要解释一下，我不会把单一个股的价格变动视为该板块的趋势已经出现了积极变化。为了确认某板块的趋势确实已经改变，我会观察该板块中的两只姊妹股票，然后结合这两只股票的价格变动，得出我所谓的关键价格。**我发现，单一个股有时波动大到足以将其填入我的上升趋势或下降趋势栏位，但只看单一个股会有陷入错误信号的风险，结合两只股票的价格变动才能得到充分的保证。因此，趋势是否确实改变，必须从关键价格的变动来确认。**

现在让我来说明这个关键价格的方法，其基本原则是严格遵守 6 点的价格变动。您会发现，在我随后的记录中，有时候美国钢铁的价格变动只有 $5\frac{1}{8}$ 点，与此同时伯利恒钢铁相应的变动可能有 7 点，在这种情况下，我也把美国钢铁的价格记录在相应的栏目内。原因是，两只股票的价格变动构成了关键价格，而两者合计达到了 12 点或更多，且两者平均幅度达到了 6 点，符合所需的适当距离。

当价格变动达到记录点时，即两只股票平均都移动 6 点时，我会在同一栏位下继续记录此后任何一天的新极端价格。换句话说，在上升趋势中，只要最新价格高于前一个记录便列入记录；在下降趋势中，只要最新价格低于前一个记录便列入记录。这个过程一直持续到反向波动开始。当然，这个反向波动也是基于同样的原则，即两只股票的价格变动平均达到 6 点，或者关键价格达到 12 点。

您会发现，从那时起我从没有违背过这项原则，绝无例外。如果结果不是我预期的，我也不会找借口来违背这项原则。请记住，我在记录中列出的这些价格并不是我设定的，它们是当日交易过程中的实际成交价格。

如果我说我的价格记录方式已经十分完美，那就太自以为是了。那样说是误导、不准确的。我只能说，经过多年的检验和观察，我觉得自己已经到了可以作为记录基础的地方，而从这些记录，我们就可以绘制出一张有助于确定重大价格变动的图表。

有人说，成功取决于做出决定之时。

当然，能否按照这个方法取得成功，还是取决于记录告诉您这样做时能迅速采取行动的勇气。没有任何犹豫不决的余地，您必须像这样训练自己的思维。如果您还要等别人来解释，告诉您理由或者保证，那么行动的时机就已经溜走了。

举例说明（如图 8-4、图 8-5）：正当所有股票历经了快速上涨之后，第二次世界大战欧洲战事爆发了，于是整个市场出现了自然回调。随后，四大板块中的所有股票都从下跌走势中反转回升，而且再创新高——钢铁板块除外。在这种情况下，任何按照我的方法做记录的人，都会把注意力聚焦于钢铁板块。现在，钢铁板块没有和其他板块一起继续上涨，它肯定有一个很好的理由。但当时我并不知道，而且也没人能够告诉我合理的解释。然而，任何做记录的人都能意识到，钢铁板块的上涨趋势已经结束了。直到 1940 年 1 月中旬，也就是 4 个月之后，公众才得知真相，而钢铁板块在那段时间的表现才得以解释。有关单位发布了一则公告，说那时英国政府卖出了超过 10 万股美国钢铁公司的股票，与此同时，加拿大也卖出了 2 万股。当这则公告发布时，美国钢铁的价格比它在 1939 年 9 月创下的最高点低了 26 点，伯利恒

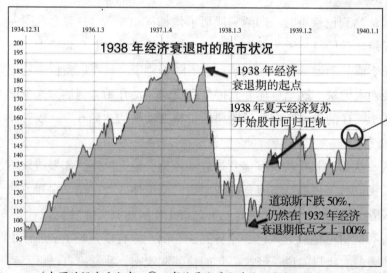

（本图的操盘重点有：①从事件导向看大盘变化与板块变化，研判趋势反转还是正常的震荡。②不跟随大盘走势的板块，是弱势族群，是做空标的。③形成主观意识、再由六栏记录检查与寻找空点位置。④耽误您在关键时刻进场的原因，经常是为了寻找股价变动的背后原因。⑤事实总是在股价反应完毕之后才被揭露。）

图 8-4　1941 年 1 月美国钢铁板块不涨的原因

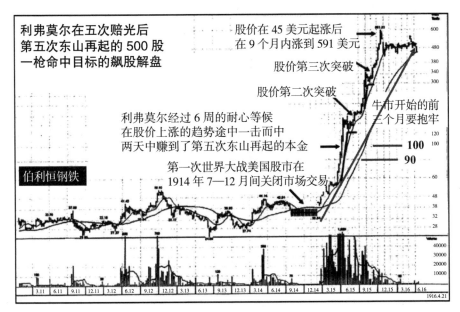

图 8-5　1912 年 9 月—1916 年 4 月，伯利恒钢铁的股价周 K 线走势图

钢铁则低了 29 点，而其他三大板块只比其最高点低了 2 ¹/₂ 到 12 ³/₄ 点。

这一事件证明，在您应该买进或卖出某只股票时，试图先找出"一个很好的理由"的做法是愚蠢的。如果您一定要等到那个好理由后才出手，您就会错失适时采取行动的机会！投资者或投机者必须知道的唯一理由，就是市场本身的表现。无论何时，只要市场表现不对劲，或没有按照应有的方式行动，您就应该改变自己的看法，而且要立即改变。请记住，股票之所以那样表现，一定有它的理由。但您也要记住，您很有可能要到未来某个时点才会知道其理由，而那时再采取行动就为时已晚了。

我再说一遍，如果您想利用重大波动中间的微小波动来做额外的交易，这里的交易规则肯定是没有什么帮助的。它的目的在于捕捉大波段行情，并揭示重大行情的开始和结束。如果您切实地奉行这个交易规则，就会发现它的确具有独到的价值。或许我还应该再说一遍，这个交易规则是为价格大约 30 美元以上的活跃股所设计的。虽然其基本原则同样适用于预测所有的股票走势，但考虑到价格非常低的股票，就必须对此交易规则进行某些调整。

这个交易规则一点都不复杂，那些感兴趣的人很快就能全面地吸收和理解。

下一章，我将原样展示我所做的记录，并针对我填入的数据做详细的说明。

本章操盘术

1. 注意价格形态，而非单一价格

★股市没有什么新鲜事，价格变动只是一再重复，尽管各种股票的具体情况各有不同，但它们的价格形态却是相同的。

★价格记录，它可作为预测价格波动的指南。

★满脑子只想投机，想要设计一套可以时刻进出市场的交易策略，用以捕捉所有中间的微小波动，这是不对的。

2. 学习判断重大走势才能赚到钱

★正确判断真正重大波动的形成，时间因素是至关重要的。

★价格记录明白地告诉我，它们不会帮助我追逐中间的微小波动，但只要我睁大眼睛，就能看到预示重大波动的价格形态。当下我就下定决心不再考虑所有的微小波动。

★研究时间这个因素，并且试图发掘一种方法来识别微小的波动。即使市场处于明显的趋势中，其中的过程仍然会出现许多小规模的震荡。我想找出自然回调和自然反弹的构成要件，直到最后我终于找到构成自然回调或自然反弹的波动幅度是6个点。

★如果您想利用重大波动中间的微小波动来做额外的交易，这里的交易规则肯定是没有什么帮助的。它的目的在于捕捉大波段行情，并揭示重大行情的开始和结束。

3. 亲力亲为制作未来走势预测图（股价运行的六个循环周期）

★每一只股票有六个栏位，其价格按照规定分门别类记录在每一列内。

六个不同的栏位，分别为上升趋势、自然反弹、次级反弹与下降趋势、自然回调、次级回调，通过这样的安排来构成我所称的未来走势预测图。

4. 辨识自然反弹（或自然回调）还是市场趋势反转

★价格大约 30 美元或更高的某只股票，必须从极端的价位开始反弹或回调大约 6 点的幅度，然后我才能意识到市场正在形成自然反弹或自然回调。这样的反弹或回调并不意味着市场趋势已经改变了方向，它只是表明市场正在经历自然运动，而市场趋势仍然与之前完全相同。

★我不会把单一个股的价格变动视为该板块的趋势已经出现了积极变化。为了确认某板块的趋势确实已经改变，我会观察该板块中的两只姊妹股票，然后结合这两只股票的价格变动，得出我所谓的关键价格。

★单一个股有时波动大到足以将其填入我的上升趋势或下降趋势栏位，但只看单一个股会有陷入错误信号的风险，结合两只股票的价格变动才能得到充分的保证。因此，趋势是否确实改变，必须从关键价格的变动来确认。

5. 运用关键点技巧归纳股价的运行路径

★单一个股，其基本原则是严格遵守 6 点的价格变动。

★这个交易规则是为价格大约 30 美元以上的活跃股所设计的。虽然其基本原则同样适用于预测所有的股票走势，但考虑到价格非常低的股票，就必须对此交易规则进行某些调整。

6. 由姊妹股找关键点

★有时候美国钢铁的价格变动，例如，只有 $5\frac{1}{8}$ 点，与此同时伯利恒钢铁相应的变动可能有 7 点，在这种情况下，我也把美国钢铁的价格记录在相应的栏目内。原因是，两只姊妹股票的价格变动构成了关键价格，而两者合计达到了 12 点或更多，且两者平均幅度达到了 6 点，符合所需的适当距离。

7. 勇于执行关键点带来的信号

★能否按照这个方法获得成功，还是取决于记录告诉您这样做时能迅速采取行动的勇气。没有任何犹豫不决的余地，您必须像这样训练自己的思维。

如果您还要等别人来解释、告诉您理由或保证，那么行动的时机就已经溜走了。

★在您应该买进或卖出某只股票时，试图先找出"一个很好的理由"的做法，是愚蠢的。如果您一定要等到那个好理由后才出手，您就会错失适时采取行动的机会！投资者或投机者必须知道的唯一理由，就是市场本身的表现。

8.不如预期，应立刻采取行动

★无论何时，只要市场表现不对劲，或没有按照应有的方式行动，您就应该改变自己的看法，而且要立即改变。请记住，股票之所以那样表现，一定有它的理由。但您也要记住，您很有可能要到未来某个时点才会知道其理由，而那时再采取行动就为时已晚了。

第九章　六栏记录关键点操盘技巧

在交易过程中，都会面临判断形势及处理仓位的事。如果没有做足功课，深思熟虑，就没有办法迅速做出调整。六栏记录理出来的股票交易规则，就是关键点操盘技巧。

——杰西·利弗莫尔

杰西心法

关键点只是一个参考数字。在股市里操作，您总是得找到一个胜算大的关键点来操作。如下：

（1）寻找转折点，寻找突破点。

（2）寻找连续形态或反转形态。

（3）新的趋势产生，要给一个弹性区间。宝贵的6点与3点。

（4）去除细微波噪声。

（5）根据股价来到关键点的表现，研判趋势强弱。

（6）关键点是有方法可以计算出来的，这是属于客观的部分。

到了关键点附近，这个关键点是有弹性的，这个弹性是来自主观判断。简单讲，要找出关键点，并搭配研判关键点的技巧，这才是研究关键点最重要的地方。

本章导引

利弗莫尔的关键点技巧若能为大家所用，就必须看懂密码的意思。利弗莫尔的关键点是能够用固定方法找出来的，这个在规则里讲得很清楚。但是来到关键点时，并不是每一次都会成功。

（1）"人性出来捣蛋，未到关键点就进场。"操作棉花交易失败，因为他太早出手，导致发生危险。在关键点还没有来之前，就进场，非常危险。

（2）"关键点未到，却能知道它能过关。"操作伯利恒钢铁时，在资金不足，且不允许有任何闪失的状况下，关键点的位置还没来到，但从价格变动的速度虽已清楚知道一定能越过关键点，也必须缩手不动。

（3）"关键点，不是一定会成功过关的。"安那康达整数关卡交易案例，100元与200元都成功过关，但300元时却失败。

根据六栏记录情况，以下是规则简易图排序（如图9-1、图9-2）：

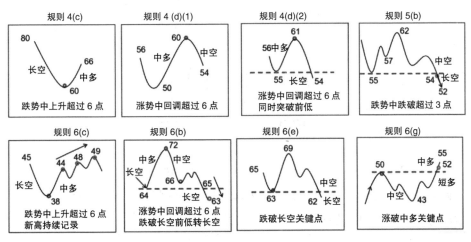

图 9-1 上升趋势操盘规则图

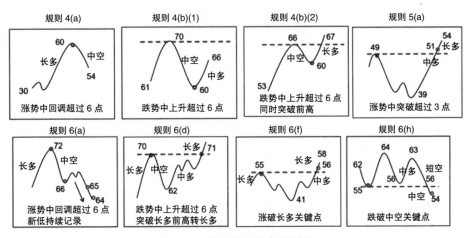

图 9-2 下降趋势操盘规则图

规则说明（如图9-3）：

规则1：上升趋势栏位，用黑笔记录（请自行用黑笔，译者注）。

规则2：下降趋势栏位，用红笔记录（请自行用红笔，译者注）。

规则3：其余四个栏位，用铅笔记录（请自行用铅笔，译者注）。

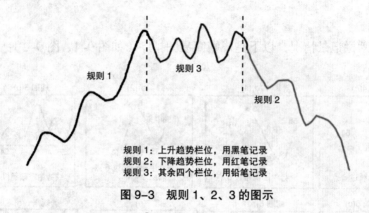

规则 1：上升趋势栏位，用黑笔记录
规则 2：下降趋势栏位，用红笔记录
规则 3：其余四个栏位，用铅笔记录

图 9-3　规则 1、2、3 的图示

　　如图 9-4 规则 4（a）：当您开始在自然回调栏中记录价格的第一天，在上升趋势栏中您最后记录的价格下方画红线。当股价从上升趋势栏中记录的最后价格下跌大约 6 点时，开始执行此操作。

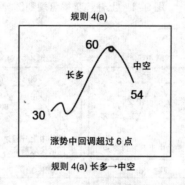

规则 4(a) 长多→中空

图 9-4　规则 4（a）是从上升趋势栏转记到自然回调栏

　　如图 9-5 规则 4（b）：当您开始在自然反弹或上升趋势栏中记录价格的第一天，在自然回调栏中记录的最后价格下方画红线。当股价从自然回调栏中记录的最后价格上涨大约 6 点时，开始执行此操作。

　　现在您有两个关键点需要关注，根据市场在这两点附近的表现，您就能形成自己的判断，到底原有的趋势确实即将恢复，还是行情已经结束。

　　如图 9-6 规则 4（c）：当您开始在自然反弹栏中记录价格的第一天，在下降趋势栏中最后记录的价格下方画黑线。当股价从下降趋势栏中记录的最后价格上涨大约 6 点时，开始执行此操作。

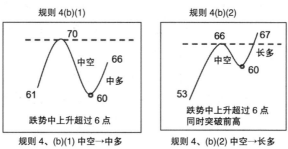

图 9-5　规则 4（b）是从自然回调栏转记到自然反弹或上升趋势栏

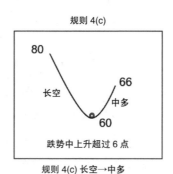

图 9-6　规则 4（c）是从下降趋势栏转记到自然反弹栏

如图 9-7 规则 4（d）：当您开始在自然回调或下降趋势栏中记录价格的第一天，在自然反弹栏中记录的最后价格下方画黑线。当股价从自然反弹栏中记录的最后价格下跌大约 6 点时，开始执行此操作。

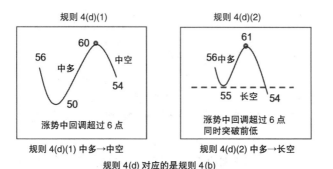

图 9-7　规则 4（d）是从自然反弹栏转记到自然回调或下降趋势栏

如图9-8规则5（a）：如果您正在自然反弹栏中记录价格，而最新的价格比自然反弹栏内用黑线标注的最后一个价格高3点或更多，这时您应该将此价格用黑笔记入上升趋势栏内。

规则5（b）：如果您正在自然回调栏中记录价格，而最新的价格比自然回调栏内用红线标注的最后一个价格低3点或更多，这时您应该将此价格用红笔记入下降趋势栏内。

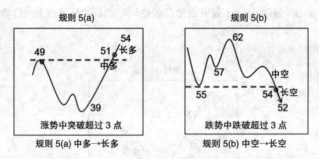

图9-8　规则5（a）是从自然反弹栏转记到上升趋势栏，规则5（b）类同

如图9-9规则6（a）：如果您一直在上升趋势栏中记录价格，有一天出现了大约6点的回调，这时您应该转到自然回调栏中记录这些价格，而且此后每一天，只要该股票的价格低于自然回调栏中最后记录的价格，就继续在该栏位记录。

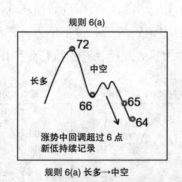

图9-9　规则6（a）是从上升趋势栏转记到自然回调栏，新低持续记录

如图9-10规则6（b）：如果您一直在自然反弹栏中记录价格，有一天出现了大约6点的回调，这时您应该转到自然回调栏中记录这些价格，而且此

后每一天，只要该股票的价格低于自然回调栏中最后记录的价格，就继续在该栏位记录。如果该股票的价格低于下降趋势栏中最后记录的价格，就继续在下降趋势栏内记录。

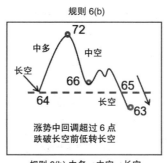

图9-10　规则6（b）从自然反弹转记到自然回调栏，跌破前低转到下降趋势栏

如图9-11规则6（c）：如果您一直在下降趋势栏中记录价格，有一天出现了大约6点的反弹，这时您应该转到自然反弹栏中记录这些价格，而且此后每一天，只要该股票的价格高于自然反弹栏内最后记录的价格，就继续在该栏位记录。

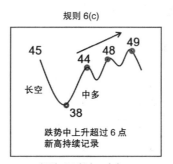

图9-11　规则6（c）从下降趋势栏转记到自然反弹栏，新高持续记录

如图9-12规则6（d）：如果您一直在自然回调栏中记录价格，有一天出现了大约6点的反弹，这时您应该转到自然反弹栏中记录这些价格，而且此后每一天，只要该股票的价格高于自然反弹栏内最后记录的价格，就继续在

该栏位记录。如果该股票的价格高于上升趋势栏中最后记录的价格，就继续
在上升趋势栏内记录。

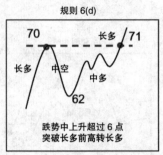

图 9-12　规则 6（d）从自然回调栏转记到自然反弹栏，突破前高转到上升趋势栏

　　如图 9-13 规则 6（e）：当您开始在自然回调栏记录价格时，如果出现价
格低于下降趋势栏内最后记录的价格，则应当将此价格用红笔记录在下降趋
势栏内。

　　规则 6（f）：与上述规则相同，当您开始在自然反弹栏记录价格时，如
果出现价格高于上升趋势栏内最后记录的价格，则停止在自然反弹栏的记录，
而将此价格用黑笔记录在上升趋势栏内。

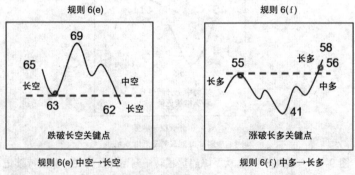

图 9-13　规则 6（e）从自然回调栏转记到下降趋势栏，规则 6（f）类同

　　如图 9-14 规则 6（g）：如果您在自然回调栏中记录价格时，出现了一个
比此栏位最后记录的价格高约 6 点的弹升，但此价格并没有超过自然反弹栏

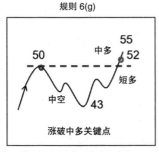

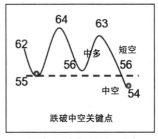

图 9-14 规则 6（g）从自然回调栏转记到次级反弹栏，再到自然反弹栏

内最后记录的数字，这时您应该将此价格记录在次级反弹栏内，此后持续在此栏位内记录，直到最新成交价格超越了自然反弹栏内最后记录的数字。当这种情况发生时，您应该再度回到自然反弹栏内记录价格。

规则 6（h）：如果您在自然反弹栏中记录价格时，出现了一个比此栏位最后记录的数字低约 6 点的回调，但此价格并不低于自然回调栏内最后记录的数字，这时您应该将此价格记录在次级回调栏内，此后持续在此栏位内记录，直到最新成交价格低于自然回调栏内最后记录的数字。当这种情况发生时，您应该再度回到自然回调栏内记录价格。

如图 9-15 规则 7：同样的规则也适用于记录关键价格，不过这里以两只

日期	星期	美国钢铁	伯明翰钢铁	关键价	（关键价）/2
1938/6/25	星期六	54.875	58.125	113	56.5
1938/6/27	星期一	55	59	114	57
1938/6/28	星期二	55	60	115	57.5
1938/6/29	星期三	56.875	60.125	117	58.5
1938/6/30	星期四	58.375	61.625	120	60
1938/7/1	星期五	59	62	120.625	60.3125
1938/7/2	星期六	60.875	62.5	125.375	62.6875
1938/7/4	星期一	60	62	125	62.5
1938/7/5	星期二	60	61.5	125	62.5
1938/7/6	星期三	60	61.25	125	62.5
1938/7/7	星期四	61.75	60	124.25	62.125
1938/7/8	星期五	60	59	122	61
1938/7/9	星期六	58	58	114	57
1938/7/11	星期一	55.625	56.75	112.375	56.1875
1938/7/12	星期二	55.5	57	112.25	56.125
1938/7/13	星期三	55.5	58	114	57
1938/7/14	星期四	57	59	115	57.5
1938/7/15	星期五	58	60	116	58
1938/7/16	星期六	59	61	117	58.5
1938/7/18	星期一	60	62	120	60
1938/7/19	星期二	62.375	63.125	125.5	62.75
1938/7/20	星期三	62.5	63	126	63
1938/7/21	星期四	62.5	62	126	63

图 9-15 关键价位应当以两档股票总计 12 点来计算

股票 12 点，而不是单一个股 6 点为基础。

如图 9-16 规则 8：一旦您开始在自然反弹或自然回调栏中记录价格，那么下降趋势或上升趋势栏内最后记录的价格就会成为关键点。**在反弹或回调结束之后，您要在反向的栏位中重新开始记录，而前一个栏位中记录的极端价格则成为另一个关键点。当这两个关键点形成之后，这些记录才具有了极大价值，可以帮助您正确预测下一个重大走势。** 为了引起您的注意，这些关键点中间你要按前述提示画红线或黑线。画线的目的就是要将这些关键点清楚地呈现在您眼前，只要最新价格来到或接近这些点附近，都应该非常仔细地观察。您的决策将取决于此后的价格记录。

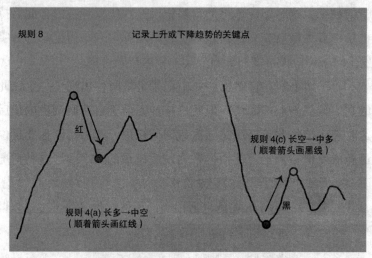

图 9-16　从前述规则记录价格，记录关键点

如图 9-17 规则 9（a）：当您在下降趋势栏中看到用红笔记录的最后价格下方标注关键点 A 时，很有可能这就是要您在这个点附近买进的信号。

规则 9（b）：当您在自然反弹栏看到某个价格下方标注黑线时，如果该股票在下一次反弹来到该关键点附近，这时您要判断市场是否足够强劲可以转换到上升趋势栏，会存在 B、C 两种可能。

规则 9（c）：当您看到上升趋势栏中记录的最后价格下方标注关键点 A，这时可能是卖点；在自然回调栏中记录的最后价格下方标注 B、C 关键点，会存在两种可能。

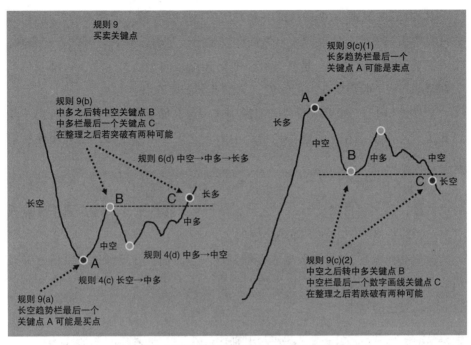

图 9-17　关键点是提供买点、卖点参考的位置

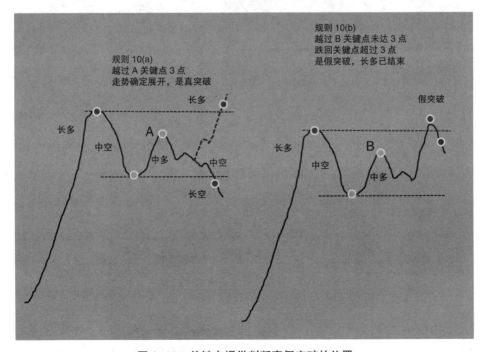

图 9-18　关键点提供判断真假突破的位置

如图 9-18 规则 10（a）：这一套方法的目的在于使人们能够清楚地看到，某只股票在第一次自然反弹或自然回调发生后，是否按照其应有的方式表现。如果市场走势确定恢复，是真突破，那么无论是向上还是向下，它都会越过 A 关键点——个股需要 3 点的幅度，关键点则需要 6 点。

规则 10（b）：如果该股票未能做到这一点，而且在回调过程中价格下跌到 B 关键点（记录在上升趋势栏中，中多）之下 3 点或更多，则表明该股票的上升趋势已经结束。

如图 9-19 规则 10（c）：将上述规则应用于下降趋势，如果下降趋势将确定恢复，那么在自然反弹结束之后，新价格必须跌到 A 关键点之下 3 点或更多，而新价格将记录在下降趋势栏内。

规则 10（d）：如果该股票未能做到这一点，而且在反弹过程中价格弹升到 B 关键点（记录在下降趋势栏中，中空）之上 3 点或更多，则表明该股票的下降趋势已经结束。

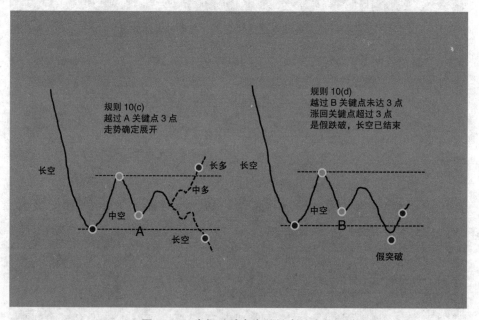

图 9-19　真假跌破点在关键点的变化

如图 9-20 规则 10（e）：当您在自然反弹栏中记录价格时，如果反弹行情在上升趋势栏中 A 关键点下方一小段距离处结束，而且股票从该价位回落

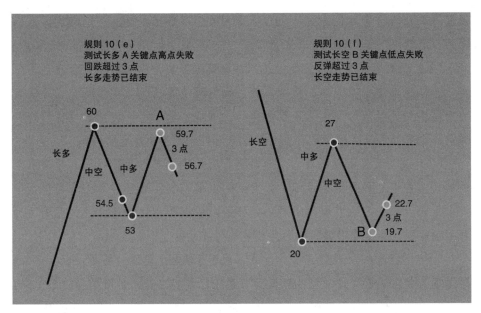

图 9-20　再次测试反弹与回调的关键点

3 点或更多，这就是一个危险信号，表明该股票的上升趋势可能已经结束。

　　规则 10（f）：当您在自然回调栏中记录价格时，如果回调行情在下降趋势栏中 B 关键点上方一小段距离处结束，而且股票从该价位弹升 3 点或更多，这就是一个危险信号，表明该股票的下降趋势可能已经结束，做空要及时止损。

本章操盘术

　　您从关键点的例子，可以引发出更多操盘层面思考的重点。例如，投资市场要赚钱，第一个您必须找出规则，这是客观的，这也是利弗莫尔所讲的知识的部分。第二个就是下单技巧。当到了关键点附近，单子到底该怎么下到市场，怎么买，怎么卖，怎么止损，这些都包括在主观意见里。所以在整本书里，能够跟您讲清楚的是规则，而主观意见的判断，只能举例告诉您，但没有办法告诉您如何主观，因为每个人的情况都不一样。所以这里又可以得到三个结论：

（1）如果您运用他的关键点技巧，好好地努力，将来找出适合自己的一套时，他相信您也能像他一样赚到钱，也许还能更多。这意思是说，关键点的交易规则已经给您了，您只要把交易规则好好地研究，研究出主观判断关键点的运用方法时，那您是有机会可以运用得比利弗莫尔还要好。

（2）六栏记录里，可以把规则讲明白。他说他有十几条规则，并举了几个例子，告诉您那是运用了哪一条规则。但他没有办法跟您讲，您要在哪里下单，因为每个人的主观判断是不一样的。他也没办法跟您讲，这里要运用哪一条规则，是连续形态的规则，还是趋势反转的规则。

（3）当股价从30点低点反弹上来，涨了6点时，要跳到长多栏位去记录。按道理，他应该要买进，但他只讲到自己在记录规则时，是用了哪一条规则，换行时，是从哪一行换到哪一行，哪一个地方要画线。他并非说30点涨到36点，达涨6点的关键点就是买点。他只有说，这30点的位置，您要画线，因为这里是关键点。那这个关键点是干什么用的？是将来当股价又回来测试这关键点时，您要准备做动作的地方。很多人在这里弄错了，以为36点这个位置就是下单的位置，以为6点是每一档股票赚钱的标准密码。

第十章　大作手操盘术手稿图解密

如何运用我手稿记录中的关键点，是研究这本书的人想破解的关卡。

——杰西·利弗莫尔

杰西心法

"找到属于自己的那一套操盘术和赚钱术，其实要勤学多练。"利弗莫尔描述他在股市里，针对当时环境的主流板块，做了很多次的记录与改变，最后才找到六栏记录，而交易记录在这时候才让他看清市场的轮廓与股价波动，进而找到正确的市场交易时机，这就是利弗莫尔的操盘术。一般人做记录，顶多只追踪个股，简单讲，是收集明牌，寻找买卖标的而已，不会去做价格变化的记录与分析，更不懂运用价格波动的幅度来区分大小波段、运用价格波动的速度来研判关键点是否启动。

本章导引

"利弗莫尔的六栏记录，帮助您监控决策过程。"

本章是利弗莫尔记录股价寻找关键点的手稿，原稿总共 16 张手绘图表。因记载方式需要在第九章操盘规则记录的状况下配合使用，也由于并非每日记录价格，故造成绘图时断断续续。为了解决此问题，我们必须对照第九章操盘规则填入虚拟数字，才能制图。本章将利弗莫尔手稿 16 张图，原样制作了中文表格（手稿原图以附件海报彩图折页形式呈现，方便读者参考对照），并在每张表后列举美国钢铁关键指标，绘制波浪线，以帮助读者看懂利弗莫尔的操盘精华。

阅读他操盘经验所累积下来的通则、规则、交易心法，其实在心里您要有利弗莫尔个人操盘的里程时序图。譬如，他在空桶店里，明明都是靠做短线交易赚到钱，为何来到六栏记录又说，只做大波段，不要细微波。当他的资金仓位不断做大，财富不断增长，操作规模越来越大，他就只能做大波段，舍弃短线交易。又譬如，当您越来越熟练，知识越来越充足，市场里的任何一个风吹草动，都能为您所运用。当您还是初学者时，没这能耐，但当您已经到达作手等级时，就容易许多。能操作几档股票，涉足几个市场，全看个人能力。

本章是操盘术的精华，是利弗莫尔 16 张手稿图的转化与解密，先看 16 张图的走势（图 10-0）。

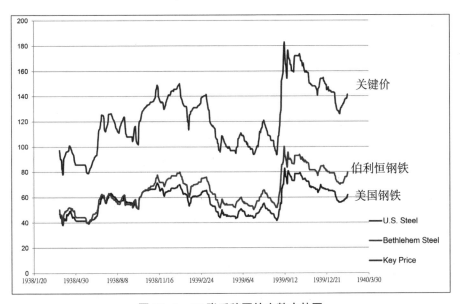

图 10-0　16 张手稿图的完整走势图

图表一

从 1938 年 4 月 2 日开始，将价格记录在自然反弹栏，参考第九章规则 [*]6 （b）。在下降趋势栏内最后价格下方画一条黑线，参考规则 4（c）。

从 4 月 28 日开始，将价格记录在自然回调栏，参考规则 4（d）。

＊ 所有规则按照第九章顺序。

表 10-1-1　海报图表一

时间	次级反弹	自然反弹	上升趋势	下降趋势	自然回调	次级回调	次级反弹	自然反弹	上升趋势	下降趋势	自然回调	次级回调	次级反弹	自然反弹	上升趋势	下降趋势	自然回调	次级回调
	灰字	灰字	黑字	红字	灰字	灰字	灰字	灰字	黑字	红字	灰字	灰字	灰字	灰字	黑字	红字	灰字	灰字
		65.75							57							122.75			
				48.5							43.25						91.75		
		62.125						65.875								128			
				48.25			56.875			50.125								98.375	
1938			美国钢铁						伯利恒钢铁							关键价格			
03/23				47															
03/24																			
03/25				44.75							46.75							91.5		
03/26				44							46							90		
03/28				43.625														89.625		
03/29				39.625							43							82.625		
03/30				39							42.125							81.125		
03/31				38							40							78		
04/01																			
04/02		43.5						46.375							89.875				
04/04																			
04/05																			
04/06																			
04/07																			
04/08																			
04/09		46.5						49.75							96.25				
04/11																			
04/12																			
04/13		47.25														97			
04/14		47.5														97.25			
04/16		49						52								101			
04/18																			
04/19																			
04/20																			
04/21																			
04/22																			
04/23																			
04/25																			
04/26																			
04/27																			
04/28					43														
04/29					42.375							45							87.375	
04/30																			
05/02					41.5							44.25							85.75	
05/03																			
05/04																			

表 10-1-2　将手稿图以美国钢铁为例转化，并以此绘制波浪图

日期	星期	美国钢铁	次级反弹 灰字	自然反弹 灰字	上升趋势 黑字	下降趋势 红字	自然回调 灰字	次级回调 灰字	关键点 下划线
1938/03/23	星期三	47				47			
1938/03/25	星期五	44.75				44.75			
1938/03/26	星期六	44				44			
1938/03/28	星期一	43.625				43.625			
1938/03/29	星期二	39.625				39.625			
1938/03/30	星期三	39				39			
1938/03/31	星期四	38				38			最低
1938/04/02	星期六	43.5		43.5					
1938/04/09	星期六	46.5		46.5					
1938/04/13	星期三	47.25		47.25					
1938/04/14	星期四	47.5		47.5					
1938/04/16	星期六	49		49					最高
1938/04/28	星期四	43					43		
1938/04/29	星期五	42.375					42.375		
1938/05/02	星期一	41.5					41.5		

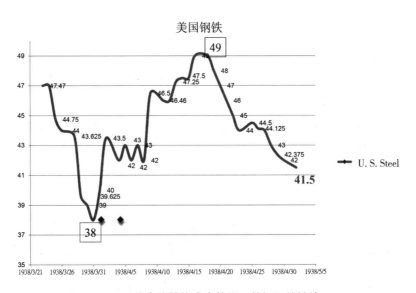

图 10-1　手稿表格转换成走势图，并标示关键价

当前一页用完之后，把当下所填数字的那一栏的最后关键点与其后面的数字，一并誊写到下一页。这几个数字都不用标日期。如果当下的走势不在主趋势里，应将主趋势的关键点数字一并填写至下一页。简言之，换页时，

如有转折点、关键点，都应该誊写到次页的前面五行。下面是逐页说明，誊写到次页的内容。

美国钢铁

★自然反弹栏有两个关键点分别是 $65\,^3/_4$ 和 $62\,^1/_8$，下降趋势栏有一个关键点是 $48\,^1/_2$ 以及未划线的数字是 $48\,^1/_4$。本页的第一个数字填入下降趋势栏，数字是 47。

伯利恒钢铁

★上升趋势栏有两个关键点分别是 57 和 $65\,^7/_8$，自然回调栏有两个关键点分别是 $43\,^1/_4$ 和 $50\,^1/_8$，自然反弹栏有一个未划线数字是 $56\,^7/_8$。本页的第一个数字填入次级回调栏，数字是 $50\,^1/_4$。

关键价

★上升趋势栏有两个关键点分别是 $122\,^3/_4$ 和 128，下降趋势栏有一个关键点是 $91\,^3/_4$，自然回调栏有未划线的数字是 $98\,^3/_8$。本页的第一个数字填入自然回调栏，数字是 $97\,^1/_4$。

注解：

（1）如果誊写至次页时，该栏里记录两个关键点，这代表记录该波段的高点与低点。换言之，压力与支撑一目了然。

（2）如果同方向的栏位，都记录两个关键点且每个栏位，这代表大波与小波的主要压力、次要压力、主要支撑、次要支撑。

（3）如果不同等级、不同方向的栏位，记有关键点，这代表两种波段的转折点。

（4）如果该栏只记一个关键点，之后还有数字但未划线，这表示行情进行在该趋势内，还持续有创新高或新低。如果数字没有划线，是前面一页的最后一个数字。

图表二

1938 年 5 月 5 日至 5 月 21 日，没有记录任何价格，因为这期间没有任何新价格低于自然回调栏内的最后价格，也没有足够的反弹幅度值得记录。

5 月 27 日，将伯利恒钢铁的价格用红笔记录，因为这一价格低于下降趋势栏中前一个价位。参考规则 6（c）。

6 月 2 日，伯利恒钢铁在 43 美元出现买进信号。参考规则 10（c）与规则 10（d）。同一天，美国钢铁在 42 $\frac{1}{4}$ 美元出现买进信号。参考规则 10（f）。

6 月 10 日，将伯利恒钢铁的价格记录在次级反弹栏。参考规则 6（e）。

美国钢铁

★下降趋势栏有一个关键点是 38，自然反弹栏有一个关键点是 49，自然回调栏有一个未划线的数字是 41 $\frac{1}{2}$。本页的第一个数字填入在自然回调栏，数字是 41 $\frac{3}{8}$。

伯利恒钢铁

★下降趋势栏有一个关键点是 40，自然反弹栏有一个关键点是 52，自然回调栏有一个未划线的数字是 44 $\frac{1}{4}$。本页的第一个数字填入在自然回调栏，数字是 44 $\frac{1}{8}$。

关键价

★下降趋势栏有一个关键点是 78，自然反弹栏有一个关键点是 101，自然回调栏有一个未划线的数字是 85 $\frac{3}{4}$。本页的第一个数字填入在自然回调栏，数字是 85 $\frac{5}{8}$。

表 10-2-1　海报图表二

时间	次级反弹	自然反弹	上升趋势	下降趋势	自然回调	次级回调	次级反弹	自然反弹	上升趋势	下降趋势	自然回调	次级回调	次级反弹	自然反弹	上升趋势	下降趋势	自然回调	次级回调
	灰字	灰字	黑字	红字	灰字	灰字	灰字	灰字	黑字	红字	灰字	灰字	灰字	灰字	黑字	红字	灰字	灰字
			38						40						78			
		49		41.5			52							101			85.75	
										44.25								
1938			美国钢铁						伯利恒钢铁						关键价格			
05/05																		
05/06																		
05/07																		
05/09																		
05/10																		
05/11																		
05/12																		
05/13																		
05/14																		
05/16																		
05/17																		
05/18																		
05/19																		
05/20																		
05/21																		
05/23										44.125							85.625	
05/24										43.5							85	
05/25				41.375						42.5							83.875	
05/26				40.125						40.5							80.875	
05/27				39.875					39.75								79.875	
05/28																		
05/31				39.25													79	
06/01																		
06/02																		
06/03																		
06/04																		
06/06																		
06/07																		
06/08																		
06/09																		
06/10								46.125										
06/11																		
06/13																		
06/14																		
06/15																		
06/16																		

表 10-2-2　将手稿图以美国钢铁为例转化，并以此绘制波浪图

日期	星期	美国钢铁	次级反弹 灰字	自然反弹 灰字	上升趋势 黑字	下降趋势 红字	自然回调 灰字	次级回调 灰字	关键点 下划线
		38							最低
		49							最高
1938/05/25	星期三	41.375					41.375		
1938/05/26	星期四	40.125					40.125		
1938/05/27	星期五	39.875					39.875		
1938/05/31	星期二	39.25					39.25		次低

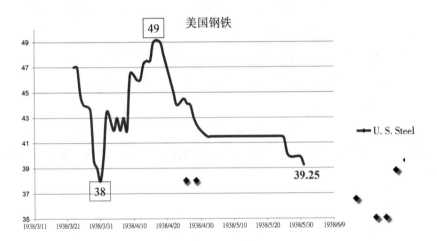

图 10-2　手稿表格转换成走势图，并标示关键价

图表三

1938 年 6 月 20 日，将美国钢铁的价格记录在次级反弹栏。参考规则 6（g）。

6 月 24 日，将美国钢铁和伯利恒钢铁的价格都用黑笔记录在上升趋势栏。参考规则 5（a）。

7 月 11 日，将美国钢铁和伯利恒钢铁的价格都记录在自然回调栏。参考规则 6（a）和 4（a）。

7 月 19 日，将美国钢铁和伯利恒钢铁的价格都用黑笔记录在上升趋势栏，因为它们的价格都高于该栏内最后记录的价格。参考规则 4（b）。

美国钢铁

★下降趋势栏有一个关键点是 38，自然反弹栏有一个关键点是 49，自然回调栏有一个未划线的数字是 $39\frac{1}{4}$。本页的第一个数字填入在次级反弹档栏，数字是 $45\frac{3}{8}$。

伯利恒钢铁

★下降趋势栏有两个关键点分别是 40 和 $39\frac{3}{4}$，自然反弹栏有一个关键点是 52。本页的第一个数字填入在自然反弹栏，数字是 $53\frac{1}{4}$。

关键价

★下降趋势栏有一个关键点是 78，自然反弹栏有一个关键点是 101，自然回调栏有一个未划线的数字是 79。本页的第一个数字填入在次级反弹栏，数字是 $93\frac{5}{8}$。

表 10-3-1　海报图表三

时间	次级反弹	自然反弹	上升趋势	下降趋势	自然回调	次级回调	次级反弹	自然反弹	上升趋势	下降趋势	自然回调	次级回调	次级反弹	自然反弹	上升趋势	下降趋势	自然回调	次级回调
	灰字	灰字	黑字	红字	灰字	灰字	灰字	灰字	黑字	红字	灰字	灰字	灰字	灰字	黑字	红字	灰字	灰字
			38						40						78			
		49						52						101				
				39.25						39.75						79		
					46.5													
1938			美国钢铁						伯利恒钢铁						关键价格			
06/17																		
06/18																		
06/20	45.375						48.25						93.625					
06/21	46.5						49.875						96.375					
06/22	48.5						50.875						99.375					
06/23		51.25						53.25						104.125				
06/24		53.75						55.125						108.875				
06/25		54.875						58.125						113				
06/27																		
06/28																		
06/29		56.875						60.125						117				
06/30		58.375						61.625						120				
07/01		59												120.625				
07/02		60.875							62.5					123.375				
07/05																		
07/06																		
07/07			61.75													124.25		
07/08																		
07/09																		
07/11				55.625						56.75							112.375	
07/12				55.5													112.25	
07/13																		
07/14																		
07/15																		
07/16																		
07/18																		
07/19		62.375							63.125					125.5				
07/20																		
07/21																		
07/22																		
07/23																		
07/25			63.25													126.375		
07/26																		
07/27																		
07/28																		
07/29																		

表 10-3-2　将手稿图以美国钢铁为例转化，并以此绘制波浪图

日期	星期	美国钢铁	次级反弹 灰字	自然反弹 灰字	上升趋势 黑字	下降趋势 红字	自然回调 灰字	次级回调 灰字	关键点 下划线
		38							最低
		49							
1938/06/20	星期一	43.375	43.375						
1938/06/21	星期二	46.5	46.5						
1938/06/22	星期三	48.5	48.5						
1938/06/23	星期四	51.25		51.25					
1938/06/24	星期五	53.75			53.75				
1938/06/25	星期六	54.875			54.875				
1938/06/29	星期三	56.875			56.875				
1938/06/30	星期四	58.375			58.375				
1938/07/01	星期五	59			59				
1938/07/02	星期六	60.875			60.875				
1938/07/07	星期四	<u>61.75</u>			<u>61.75</u>				次高
1938/07/11	星期一	55.625					55.625		
1938/07/12	星期二	55.5					55.5		转折
1938/07/19	星期二	62.375			62.375				
1938/07/25	星期一	63.25			<u>63.25</u>				最高

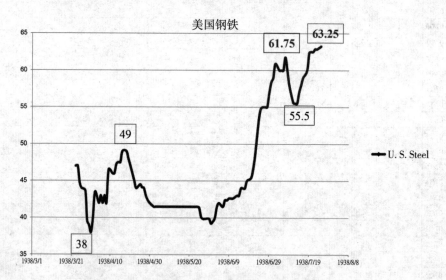

图 10-3　手稿表格转换成走势图，并标示关键价

图表四

1938 年 8 月 12 日，将美国钢铁的价格记录在次级回调栏，因为其价格没有低于先前在自然回调栏内记录的最后价格。同一天，将伯利恒钢铁的价格记录在自然回调栏，因为其价格低于先前在自然回调栏内记录的最后价格。

8 月 24 日，将美国钢铁和伯利恒钢铁的价格都记录在自然反弹栏。参考规则 6（d）。

8 月 29 日，将美国钢铁和伯利恒钢铁的价格都记录在次级回调栏。参考规则 6（h）。

美国钢铁

★上升趋势栏有两个关键点分别是 61 $\frac{3}{4}$ 和 63 $\frac{3}{4}$，自然回调栏有一个关键点是 55 $\frac{1}{2}$。本页的第一个数字填入在次级回调栏，数字是 56 $\frac{5}{8}$。

伯利恒钢铁

★上升趋势栏有两个关键点分别是 62 $\frac{1}{2}$ 和 63 $\frac{1}{8}$，自然回调栏有一个关键点是 56 $\frac{3}{4}$。本页的第一个数字填入在自然回调栏，数字是 54 $\frac{7}{8}$。

关键价

★上升趋势栏有两个关键点分别是 124 $\frac{1}{4}$ 和 126 $\frac{3}{8}$，自然回调栏有一个关键点是 112 $\frac{1}{4}$。本页的第一个数字填入在自然回调栏，数字是 111 $\frac{1}{2}$。

表 10-4-1　海报图表四

时间	次级反弹	自然反弹	上升趋势	下降趋势	自然回调	次级回调	次级反弹	自然反弹	上升趋势	下降趋势	自然回调	次级回调	次级反弹	自然反弹	上升趋势	下降趋势	自然回调	次级回调
	灰字	灰字	黑字	红字	灰字	灰字	灰字	灰字	黑字	红字	灰字	灰字	灰字	灰字	黑字	红字	灰字	灰字
			61.75						62.5						124.25			
				55.5						56.75						112.25		
			63.25						63.125						126.375			
1938			美国钢铁						伯利恒钢铁						关键价格			
07/30																		
08/01																		
08/02																		
08/03																		
08/04																		
08/05																		
08/06																		
08/08																		
08/09																		
08/10																		
08/11																		
08/12					56.625						54.875						111.5	
08/13					56.5						54.625						111.125	
08/15																		
08/16																		
08/17																		
08/18																		
08/19																		
08/20																		
08/22																		
08/23																		
08/24	61.625						61.375						123					
08/25																		
08/26	61.875						61.5						123.375					
08/27																		
08/29					56.125						55						——	
08/30																		
08/31																		
09/01																		
09/02																		
09/03																		
09/06																		
09/07																		
09/08																		
09/09																		
09/10																		

表 10-4-2　将手稿图以美国钢铁为例转化，并以此绘制波浪图

日期	星期	美国钢铁	次级反弹 灰字	自然反弹 灰字	上升趋势 黑字	下降趋势 红字	自然回调 灰字	次级回调 灰字	关键点 下划线
		<u>55.5</u>							最低
		<u>63.25</u>							最高
1938/08/12	星期五	56.625						56.625	
1938/08/13	星期六	56.5						56.5	
1938/08/24	星期三	61.625		61.625					
1938/08/26	星期五	61.875		61.875					
1938/08/29	星期一	56.125						56.125	次低

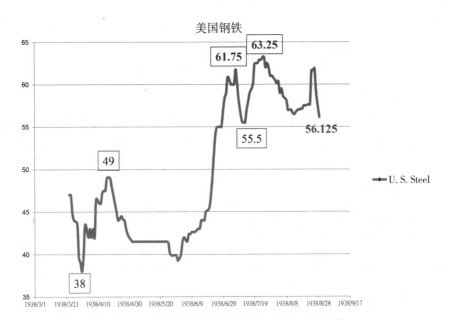

图 10-4　手稿表格转换成走势图，并标示关键价

图表五

1938 年 9 月 14 日，将美国钢铁的价格记录在下降趋势栏。参考规则 5（b）。同一天，伯利恒钢铁的价格记录在自然回调栏。该价格之所以仍然记录在自然回调栏中，是因为它并没有比先前记录的最后价格低 3 点。

9 月 20 日，将美国钢铁和伯利恒钢铁的价格都记录在自然反弹栏。美国钢铁请参考规则 6（c）。伯利恒钢铁请参考规则 6（d）。

9 月 24 日，将美国钢铁和伯利恒钢铁的价格都用红笔记录在下降趋势栏，它们都是该栏的新价格。

9 月 29 日，将美国钢铁和伯利恒钢铁的价格都记录在次级反弹栏。参考规则 6（g）。

10 月 5 日，将美国钢铁的价格用黑笔记录在上升趋势栏。参考规则 5（a）。

10 月 8 日，将伯利恒钢铁的价格用黑笔记录在上升趋势栏。参考规则 6（d）。

美国钢铁

★上升趋势栏有一个关键点是 $63\frac{1}{4}$，自然回调栏有一个关键点是 $55\frac{1}{2}$，自然反弹栏有一个未划线数字是 $61\frac{7}{8}$，次级回调栏有一个未划线数字是 $56\frac{1}{8}$。本页的第一个数字填入在自然回调栏，数字是 $54\frac{1}{4}$。

伯利恒钢铁

★上升趋势栏有一个关键点是 $63\frac{1}{8}$，自然回调栏有一个关键点是 $54\frac{3}{8}$，自然反弹栏有一个未划线数字是 $61\frac{1}{2}$，次级回调栏有一个未划线数字是 55。本页的第一个数字填入在自然回调栏，数字是 $53\frac{5}{8}$。

关键价

★上升趋势栏有一个关键点是 $126\frac{5}{8}$，自然回调栏有一个关键点是 $111\frac{1}{8}$，有一个自然反弹未画线数字是 $123\frac{3}{8}$。本页的第一个数字填入在自然回调栏，数字是 $107\frac{7}{8}$。

表 10-5-1　海报图表五

时间	次级反弹	自然反弹	上升趋势	下降趋势	自然回调	次级回调	次级反弹	自然反弹	上升趋势	下降趋势	自然回调	次级回调	次级反弹	自然反弹	上升趋势	下降趋势	自然回调	次级回调
	灰字	灰字	黑字	红字	灰字	灰字	灰字	灰字	黑字	红字	灰字	灰字	灰字	灰字	黑字	红字	灰字	灰字
			63.25						63.125						126.375			
				55.5						54.375						111.125		
		61.875						61.5						123.375				
					56.125						55							
1938			美国钢铁						伯利恒钢铁						关键价格			
09/12																		
09/13										53.625						107.875		
09/14				52						52.5						104.5		
09/15																		
09/16																		
09/17																		
09/19																		
09/20		57.625						58.25										
09/21		58												116.25				
09/22																		
09/23																		
09/24				51.875						52						103.875		
09/26				51.125						51.25						102.375		
09/27																		
09/28				50.875						51						101.875		
09/29	57.125						57.75						114.875					
09/30		59.25						59.5						118.75				
10/01		60.25						60						120.25				
10/03		60.375						60.375						120.75				
10/04																		
10/05			62						62						124			
10/06			63						63						126			
10/07																		
10/08			64.25						64						128.25			
10/10																		
10/11																		
10/13			65.375						65.125						130.5			
10/14																		
10/15																		
10/17																		
10/18																		
10/19																		
10/20																		
10/21																		
10/22			65.875						67.5						133.375			
10/24			66												133.5			

表 10-5-2　将手稿图以美国钢铁为例转化，并以此绘制波浪图

日期	星期	美国钢铁	次级反弹 灰字	自然反弹 灰字	上升趋势 黑字	下降趋势 红字	自然回调 灰字	次级回调 灰字	关键点 下划线
		55.5							转折
		63.25							转折
1938/09/14	星期三	52				52			次低
1938/09/20	星期二	57.625		57.625					
1938/09/21	星期三	58		58					
1938/09/24	星期六	51.875				51.875			
1938/09/26	星期一	51.125				51.125			
1938/09/28	星期三	50.875				50.875			最低
1938/09/29	星期四	57.125	57.125						
1938/09/30	星期五	59.25		59.25					
1938/10/01	星期六	60.25		60.25					
1938/10/03	星期一	60.375		60.375					
1938/10/05	星期三	62			62				
1938/10/06	星期四	63			63				
1938/10/08	星期六	64.25			64.25				
1938/10/13	星期四	65.375			65.375				
1938/10/22	星期六	65.875			65.875				
1938/10/24	星期一	66			66				最高

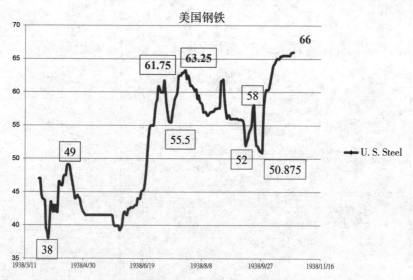

图 10-5　手稿表格转换成走势图，并标示关键价

图表六

1938 年 11 月 18 日，将美国钢铁和伯利恒钢铁的价格都记录在自然回调栏。参考规则 6（a）。

美国钢铁

★上升趋势栏有一个未划线数字是 66。本页的第一个数字填入在上升趋势栏，数字是 66 $\frac{1}{8}$。

伯利恒钢铁

★上升趋势栏有一个未划线数字是 67 $\frac{1}{2}$。本页的第一个数字填入在上升趋势栏，数字是 67 $\frac{7}{8}$。

关键价

★上升趋势栏有一个未划线数字是 133 $\frac{1}{2}$。本页的第一个数字填入在上升趋势栏，数字是 134。

表 10-6-1　海报图表六

时间	次级反弹	自然反弹	上升趋势	下降趋势	自然回调	次级回调	次级反弹	自然反弹	上升趋势	下降趋势	自然回调	次级回调	次级反弹	自然反弹	上升趋势	下降趋势	自然回调	次级回调
	灰字	灰字	黑字	红字	灰字	灰字	灰字	灰字	黑字	红字	灰字	灰字	灰字	灰字	黑字	红字	灰字	灰字
															133.5			
			66						67.5									
1938			美国钢铁						伯利恒钢铁						关键价格			
10/25			66.125						67.875						134			
10/26																		
10/27			66.5						68.875						135.375			
10/28																		
10/29																		
10/31																		
11/01									69						135.5			
11/02																		
11/03									69.5						136			
11/04																		
11/05																		
11/07			66.75						71.875						138.625			
11/09			69.5						75.375						144.875			
11/10			70						75.5						145.5			
11/12			<u>71.25</u>						<u>77.625</u>						<u>148.875</u>			
11/14																		
11/15																		
11/16																		
11/17																		
11/18				65.125						71.875							137	
11/19																		
11/21																		
11/22																		
11/23																		
11/25																		
11/26				63.25						71.5							134.75	
11/28				<u>61</u>						<u>68.75</u>							<u>129.75</u>	
11/29																		
11/30																		
12/01																		
12/02																		
12/03																		
12/05																		
12/06																		
12/07																		
12/08																		

表 10-6-2　将手稿图以美国钢铁为例转化，并以此绘制波浪图

日期	星期	美国钢铁	次级反弹 灰字	自然反弹 灰字	上升趋势 黑字	下降趋势 红字	自然回调 灰字	次级回调 灰字	关键点 下划线
		66							转折
1938/10/25	星期二	66.125			66.125				
1938/10/27	星期四	66.5			66.5				
1938/11/07	星期一	66.75			66.75				
1938/11/09	星期三	69.5			69.5				
1938/11/10	星期四	70			70				
1938/11/12	星期六	71.25			71.25				最高
1938/11/18	星期五	65.125					65.125		
1938/11/26	星期六	63.25					63.25		
1938/11/28	星期一	61					61		

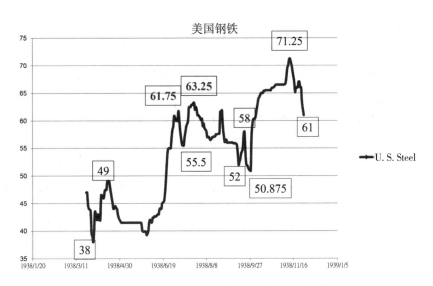

图 10-6　手稿表格转换成走势图，并标示关键价

图表七

1938 年 12 月 14 日，将美国钢铁和伯利恒钢铁的价格都记录在自然反弹栏。参考规则 6（d）。

12 月 28 日，将伯利恒钢铁的价格用黑笔记录在上升趋势栏，因为这个价格高于该栏内记录的最后价格。

1 月 4 日，根据利弗莫尔法则，市场即将展开另一个趋势。参考规则 10（a）和 10（b）。

1 月 12 日，将美国钢铁和伯利恒钢铁的价格都记录在次级回调栏。参考规则 6（h）。

美国钢铁

★上升趋势栏有一个关键点是 71 $\frac{1}{4}$，自然回调有一个关键点是 61。本页的第一个数字填入在自然反弹栏，数字是 66 $\frac{5}{8}$。

伯利恒钢铁

★上升趋势栏有一个关键点是 77 $\frac{5}{8}$，自然回调有一个关键点是 68 $\frac{3}{4}$。本页的第一个数字填入在自然反弹栏，数字是 75 $\frac{1}{4}$。

关键价

★上升趋势栏有一个关键点是 148 $\frac{7}{8}$，自然回调有一个关键点是 129 $\frac{3}{4}$。本页的第一个数字填入在自然反弹栏，数字是 141 $\frac{7}{8}$。

表 10-7-1 海报图表七

时间	次级反弹	自然反弹	上升趋势	下降趋势	自然回调	次级回调	次级反弹	自然反弹	上升趋势	下降趋势	自然回调	次级回调	次级反弹	自然反弹	上升趋势	下降趋势	自然回调	次级回调
	灰字	灰字	黑字	红字	灰字	灰字	灰字	灰字	黑字	红字	灰字	灰字	灰字	灰字	黑字	红字	灰字	灰字
			71.25						77.625						148.875			
				61						68.75						129.75		
1938		美国钢铁						伯利恒钢铁						关键价格				
12/09																		
12/10																		
12/12																		
12/13																		
12/14		66.625						75.25						141.875				
12/15		67.125						76.375						143.125				
12/16																		
12/17																		
12/19																		
12/20																		
12/21																		
12/22																		
12/23																		
12/24																		
12/27																		
12/28		67.75							78					145.75				
12/29																		
12/30																		
12/31																		
1939																		
01/03																		
01/04		70							80						150			
01/05																		
01/06																		
01/07																		
01/09																		
01/10																		
01/11																		
01/12					62.625						73.75							
01/13											71.5							134.125
01/14																		
01/16																		
01/17																		
01/18																		
01/19																		
01/20																		
01/21					62						69.5							131.5

表 10-7-2　将手稿图以美国钢铁为例转化，并以此绘制波浪图

日期	星期	美国钢铁 灰字	次级反弹 灰字	自然反弹 灰字	上升趋势 黑字	下降趋势 红字	自然回调 灰字	次级回调 灰字	关键点 下划线
		71.25							最高
		61							最低
1938/12/14	星期二	66.625		66.625					
1938/12/15	星期四	67.125		67.125					
1938/12/28	星期一	67.75		67.75					
1939/01/04	星期三	70		70					
1939/01/12	星期四	62.625						62.625	
1939/01/21	星期五	62						62	次低

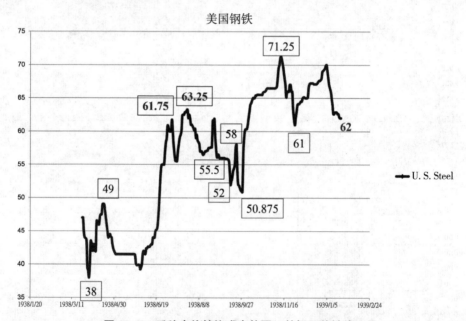

图 10-7　手稿表格转换成走势图，并标示关键价

图表八

　　1939 年 1 月 23 日，将美国钢铁和伯利恒钢铁的价格都记录在下降趋势栏。参考规则 5（b）。

　　1 月 31 日，将美国钢铁和伯利恒钢铁的价格都记录在自然反弹栏。参考规则 6（c）和 4（c）。

美国钢铁

　　★上升趋势栏有一个关键点是 $71\frac{1}{4}$，自然回调有一个关键点是 61，自然反弹栏有一个未划线的数字是 70，次级回调栏有一个未划线数字是 62。本页的第一个数字填入在下降趋势，数字是 $57\frac{8}{8}$。

伯利恒钢铁

　　★上升趋势栏有两个关键点分别是 $77\frac{5}{8}$ 和 80，自然回调有一个关键点是 $68\frac{3}{4}$，次级回调栏有一个未划线数字是 $69\frac{1}{2}$。本页的第一个数字填入在下降趋势，数字是 $63\frac{3}{4}$。

关键价

　　★上升趋势栏有两个关键点分别是 $148\frac{7}{8}$ 和 150，自然回调有一个关键点是 $129\frac{3}{4}$，次级回调栏有一个未划线数字是 $131\frac{1}{2}$。本页的第一个数字填入在下降趋势，数字是 $121\frac{5}{8}$。

表 10-8-1 海报图表八

时间	次级反弹 灰字	自然反弹 灰字	上升趋势 黑字	下降趋势 红字	自然回调 灰字	次级回调 灰字	次级反弹 灰字	自然反弹 灰字	上升趋势 黑字	下降趋势 红字	自然回调 灰字	次级回调 灰字	次级反弹 灰字	自然反弹 灰字	上升趋势 黑字	下降趋势 红字	自然回调 灰字	次级回调 灰字
			71.25						77.625						148.875			
				61						68.75						129.75		
		70						80						150				
					62						69.5						131.5	
1939			美国钢铁						伯利恒钢铁						关键价格			
01/23			57.875						63.75						121.625			
01/24			56.5						63.25						119.75			
01/25			55.625						63						118.625			
01/26				53.25						60.25						113.5		
01/27																		
01/28																		
01/30																		
01/31		59.5						68.5						128				
02/01																		
02/02		60												128.5				
02/03																		
02/04		60.625						69						129.625				
02/06								69.875						130.75				
02/07																		
02/08																		
02/09																		
02/10																		
02/11																		
02/14																		
02/15																		
02/16								70.75						131.625				
02/17		61.125						71.25						132.375				
02/18		61.25												132.5				
02/20																		
02/21																		
02/23																		
02/24		62.5						72.375						134.625				
02/25		63.75						74.75						138.5				
02/27																		
02/28		64.75						75						139.75				
03/01																		
03/02																		
03/03		64.875						75.25						140				
03/04								75.5						140.375				
03/06																		
03/07																		

表 10-8-2　将手稿图以美国钢铁为例转化，并以此绘制波浪图

日期	星期	美国钢铁	次级反弹 灰字	自然反弹 灰字	上升趋势 黑字	下降趋势 红字	自然回调 灰字	次级回调 灰字	关键点 下划线
		<u>71.25</u>							最高
		<u>61</u>							次低
1939/01/23	星期一	57.875				57.875			
1939/01/24	星期二	56.5				56.5			
1939/01/25	星期三	55.625				55.625			
1939/01/26	星期四	<u>53.25</u>				<u>53.25</u>			最低
1939/01/31	星期二	59.5		59.5					
1939/02/02	星期四	60		60					
1939/02/04	星期六	60.625		60.625					
1939/02/17	星期五	61.125		61.125					
1939/02/18	星期六	61.25		61.25					
1939/02/24	星期五	62.5		62.5					
1939/02/25	星期六	63.75		63.75					
1939/02/28	星期二	64.75		64.75					
1939/03/03	星期五	64.875		64.875					

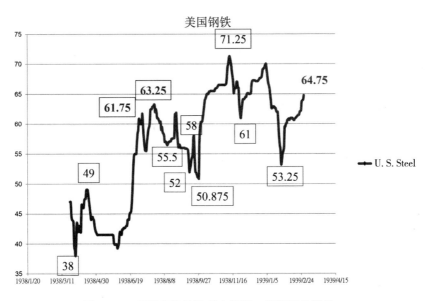

图 10-8　手稿表格转换成走势图，并标示关键价

图表九

1939 年 3 月 16 日，将美国钢铁和伯利恒钢铁的价格都记录在自然回调栏。参考规则 6（b）。

3 月 30 日，将美国钢铁的价格记录在下降趋势栏，因为该价格低于下降趋势栏内先前记录的最后价格。

3 月 31 日，将伯利恒钢铁的价格记录在下降趋势栏，因为该价格低于下降趋势栏内先前记录的最后价格。

4 月 15 日，将美国钢铁和伯利恒钢铁的价格都记录在自然反弹栏。参考规则 6（c）。

美国钢铁

★下降趋势栏有一个关键点是 $53\frac{1}{4}$，自然反弹栏有一个未划线的数字是 $64\frac{7}{8}$。本页的第一个数字填入在自然反弹栏，数字是 65。

伯利恒钢铁

★下降趋势栏有一个关键点是 $60\frac{1}{4}$，自然反弹栏有一个未划线的数字是 $75\frac{1}{2}$。本页的第一个数字填入在自然反弹栏，数字是 $75\frac{7}{8}$。

关键价

★下降趋势栏有一个关键点是 $113\frac{1}{2}$，自然反弹栏有一个未划线的数字是 $140\frac{3}{8}$。本页的第一个数字填入在自然反弹栏，数字是 $140\frac{1}{2}$。

表 10-9-1 海报图表九

时间	次级反弹	自然反弹	上升趋势	下降趋势	自然回调	次级回调	次级反弹	自然反弹	上升趋势	下降趋势	自然回调	次级回调	次级反弹	自然反弹	上升趋势	下降趋势	自然回调	次级回调
	灰字	灰字	黑字	红字	灰字	灰字	灰字	灰字	黑字	红字	灰字	灰字	灰字	灰字	黑字	红字	灰字	灰字
				53.25						60.25						113.5		
		64.875						75.5						140.375				
1939	美国钢铁						伯利恒钢铁						关键价格					
03/08		65												140.5				
03/09		65.5						75.875						141.375				
03/10																		
03/11																		
03/13																		
03/14																		
03/15																		
03/16				59.625						69.25						128.875		
03/17				56.75						66.75						123.5		
03/18				54.75						65						119.75		
03/20																		
03/21																		
03/22				53.5						63.625								
03/23																117.125		
03/24																		
03/25																		
03/27																		
03/28																		
03/29																		
03/30				52.125						62						114.125		
03/31				49.875						58.75						108.625		
04/01																		
04/03																		
04/04				48.25						57.625						105.875		
04/05																		
04/06				47.25						55.5						102.75		
04/08				44.875						52.5						97.125		
04/10																		
04/11				44.375						51.625						96		
04/12																		
04/13																		
04/14																		
04/15		50						58.5						108.5				
04/17																		
04/18																		
04/19																		

表 10-9-2　将手稿图以美国钢铁为例转化，并以此绘制波浪图

日期	星期	美国钢铁	次级反弹 灰字	自然反弹 灰字	上升趋势 黑字	下降趋势 红字	自然回调 灰字	次级回调 灰字	关键点 下划线
		53.25							转折
		64.875							
1939/03/08	星期三	65		65					
1939/03/09	星期四	65.5		65.5					最高
1939/03/16	星期四	59.625				59.625			
1939/03/17	星期五	56.75				56.75			
1939/03/18	星期六	54.75				54.75			
1939/03/22	星期三	53.5				53.5			
1939/03/30	星期四	52.125				52.125			
1939/03/31	星期五	49.875				49.875			
1939/04/04	星期二	48.25				48.25			
1939/04/06	星期四	47.25				47.25			
1939/04/08	星期六	44.875				44.875			
1939/04/11	星期二	44.375				44.375			最低
1939/04/15	星期六	50		50					

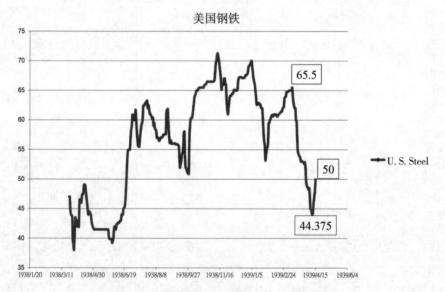

图 10-9　手稿表格转换成走势图，并标示关键价

图表十

1939 年 5 月 17 日，将美国钢铁和伯利恒钢铁的价格都记录在自然回调栏。

5 月 18 日，将美国钢铁的价格记录在下降趋势栏。参考规则 6（d）。

5 月 19 日，在伯利恒钢铁下降趋势栏内画一条红线，表示其价格与下降趋势栏内最后记录的价格相同。

5 月 25 日，将美国钢铁和伯利恒钢铁的价格都记录在次级反弹栏。参考规则 6（c）。

美国钢铁

★下降趋势栏有一个关键点是 $44\frac{3}{8}$，自然反弹栏有一个关键点是 50。本页的第一个数字填入在自然回调栏，数字是 $44\frac{5}{8}$。

伯利恒钢铁

★下降趋势栏有一个关键点是 $51\frac{5}{8}$，自然反弹栏有一个关键点是 $58\frac{1}{2}$。本页的第一个数字填入在自然回调栏，数字是 52。

关键价

★下降趋势栏有一个关键点是 96，自然反弹栏有一个关键点是 $108\frac{1}{2}$。本页的第一个数字填入在自然回调栏，数字是 $96\frac{5}{8}$。

表 10-10-1　海报图表十

时间	次级反弹	自然反弹	上升趋势	下降趋势	自然回调	次级回调	次级反弹	自然反弹	上升趋势	下降趋势	自然回调	次级回调	次级反弹	自然反弹	上升趋势	下降趋势	自然回调	次级回调
	灰字	灰字	黑字	红字	灰字	灰字	灰字	灰字	黑字	红字	灰字	灰字	灰字	灰字	黑字	红字	灰字	灰字
			44.375						51.625						96			
		50						58.5						108.125				
1939			美国钢铁						伯利恒钢铁						关键价格			
04/20																		
04/21																		
04/22																		
04/24																		
04/25																		
04/26																		
04/27																		
04/28																		
04/29																		
05/01																		
05/02																		
05/03																		
05/04																		
05/05																		
05/06																		
05/08																		
05/09																		
05/10																		
05/11																		
05/12																		
05/13																		
05/15																		
05/16																		
05/17				44.625						52						96.625		
05/18			43.25													95.25		
05/19									——							94.875		
05/20																		
05/22																		
05/23																		
05/24																		
05/25	48.75						57.75						106.5					
05/26	49						58						107					
05/27	49.375						——						107.875					
05/29		50.25						59.375						109.625				
05/31		50.875						60						110.875				
06/01																		

表 10-10-2　将手稿图以美国钢铁为例转化，并以此绘制波浪图

日期	星期	美国钢铁	次级反弹	自然反弹	上升趋势	下降趋势	自然回调	次级回调	关键点
		灰字	灰字	灰字	黑字	红字	灰字	灰字	下划线
		43.375							转折
		50							次高
1939/05/17	星期三	44.625					44.625		
1939/05/18	星期四	43.25				43.25			最低
1939/05/25	星期四	48.75	48.75						
1939/05/26	星期五	49	49						
1939/05/27	星期六	49.375	49.375						
1939/05/29	星期一	50.25		50.25					
1939/05/31	星期三	50.875		50.875					最高

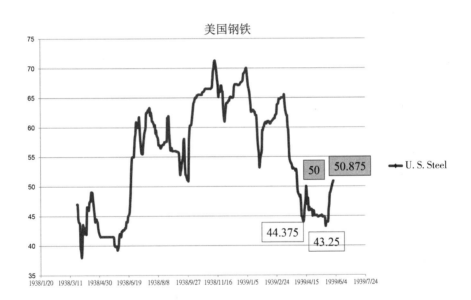

图 10-10　手稿表格转换成走势图，并标示关键价

图表十一

1939 年 6 月 16 日，将伯利恒钢铁的价格记录在自然回调栏。参考规则 6（b）。

6 月 28 日，将美国钢铁的价格记录在自然回调栏。参考规则 6（b）。

6 月 29 日，将伯利恒钢铁的价格记录在下降趋势栏，因为其价格低于下降趋势栏内最后记录的价格。

7 月 13 日，将美国钢铁和伯利恒钢铁的价格都记录在次级反弹栏。参考规则 6（g）。

美国钢铁

★下降趋势栏有两个关键点分别是 $44\,^3/_8$ 和 $43\,^1/_4$，自然反弹栏有两个关键点分别是 50 和 $50\,^7/_8$。本页的第一个数字填入在自然回调栏，数字是 45。

伯利恒钢铁

★下降趋势栏有一个关键数字是 $51\,^5/_8$，自然反弹栏有两个关键点分别是 $58\,^1/_2$ 和 60。本页的第一个数字填入在自然回调栏，数字是 54。

关键价

★下降趋势栏有两个关键点分别是 96 和 $94\,^7/_8$，自然反弹栏有两个关键点分别是 $108\,^1/_2$ 和 $110\,^7/_8$。本页的第一个数字填入在自然回调栏，数字是 $97\,^1/_2$。

表 10-11-1　海报图表十一

时间	次级反弹	自然反弹	上升趋势	下降趋势	自然回调	次级回调	次级反弹	自然反弹	上升趋势	下降趋势	自然回调	次级回调	次级反弹	自然反弹	上升趋势	下降趋势	自然回调	次级回调
	灰字	灰字	黑字	红字	灰字	灰字	灰字	灰字	黑字	红字	灰字	灰字	灰字	灰字	黑字	红字	灰字	灰字
				44.375						51.625						96		
		50						58.125						108.5				
				43.25						——						94.875		
		50.875						60						110.875				
1939			美国钢铁						伯利恒钢铁						关键价格			
06/02																		
06/03																		
06/05																		
06/06																		
06/07																		
06/08																		
06/09																		
06/10																		
06/12																		
06/13																		
06/14																		
06/15																		
06/16								54										
06/17																		
06/19																		
06/20																		
06/21																		
06/22																		
06/23																		
06/24																		
06/26																		
06/27																		
06/28				45						52.5						97.5		
06/29				43.75						51						94.75		
06/30				43.625						50.25						93.875		
07/01																		
07/03																		
07/05																		
07/06																		
07/07																		
07/08																		
07/10																		
07/11																		
07/12																		
07/13	48.25						57.25						105.5					
07/14																		

表 10-11-2　将手稿图以美国钢铁为例转化，并以此绘制波浪图

日期	星期	美国钢铁	次级反弹	自然反弹	上升趋势	下降趋势	自然回调	次级回调	关键点
			灰字	灰字	黑字	红字	灰字	灰字	下划线
		<u>43.25</u>							最低
		<u>50.875</u>							最高
1939/06/28	星期三	45					45		
1939/06/29	星期四	43.75					43.75		
1939/06/30	星期五	43.625					43.625		
1939/07/13	星期四	48.25	48.25						

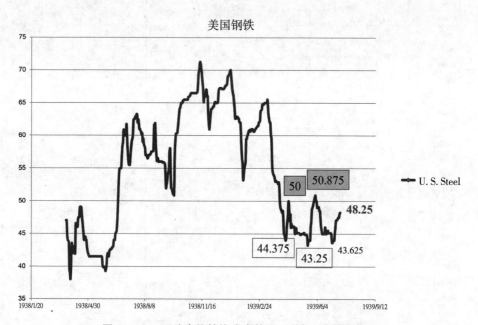

图 10-11　手稿表格转换成走势图，并标示关键价

图表十二

1939 年 7 月 21 日，将伯利恒钢铁的价格记录在上升趋势栏。参考规则 5（a）。

7 月 22 日，将美国钢铁的价格记录在上升趋势栏位。参考规则 5（a）。

8 月 4 日，将美国钢铁和伯利恒钢铁的价格记录在自然回调栏。参考规则 4（a）。

8 月 23 日，将美国钢铁的价格记录在下降趋势栏，因为其价格低于下降趋势栏内先前记录的最后价格。

美国钢铁

★下降趋势栏有一个关键点是 $43\frac{1}{4}$，自然反弹栏有一个关键点是 $50\frac{7}{8}$，自然回调栏有一个未划线的数字是 $43\frac{5}{8}$，次级反弹栏有一个未划线的数字是 $48\frac{1}{4}$。本页的第一个数字填入在次级反弹栏，数字是 $50\frac{3}{4}$。

伯利恒钢铁

★下降趋势栏有两个关键点分别是 $51\frac{5}{8}$ 和 $50\frac{1}{4}$，自然反弹栏有一个关键点是 60，次级反弹栏有一个未划线的数字是 $57\frac{1}{4}$。本页的第一个数字填入在自然反弹栏，数字是 $60\frac{3}{8}$。

关键价

★下降趋势栏有一个关键点分别是 $94\frac{7}{8}$ 和 $93\frac{7}{8}$，自然反弹栏有一个关键点是 $110\frac{7}{8}$，次级反弹栏有一个未划线的数字是 $105\frac{1}{2}$。本页的第一个数字填入在自然反弹栏，数字是 $111\frac{1}{8}$。

表 10-12-1　海报图表十二

时间	次级反弹	自然反弹	上升趋势	下降趋势	自然回调	次级回调	次级反弹	自然反弹	上升趋势	下降趋势	自然回调	次级回调	次级反弹	自然反弹	上升趋势	下降趋势	自然回调	次级回调
	灰字	灰字	黑字	红字	灰字	灰字	灰字	黑字	黑字	红字	灰字	灰字	灰字	灰字	黑字	红字	灰字	灰字
				43.25						51.625						94.875		
		50.875						60						110.875				
				43.625						50.25						93.875		
	48.25						57.25						105.5					
1939			美国钢铁						伯利恒钢铁						关键价格			
07/15																		
07/17	50.75						60.375						111.125					
07/18		51.875						62						113.875				
07/19																		
07/20																		
07/21		52.5						63						115.5				
07/22		54.125						65						119.125				
07/24																		
07/25			55.125						65.75						120.875			
07/26																		
07/27																		
07/28																		
07/29																		
07/31																		
08/01																		
08/02																		
08/03																		
08/04				49.5						59.5							109	
08/05																		
08/07				49.25													108.75	
08/08																		
08/09										59							108.25	
08/10				47.75						58							105.75	
08/11				47													105	
08/12																		
08/14																		
08/15																		
08/16																		
08/17				46.5													104.5	
08/18				45						55.125							100.125	
08/19																		
08/21				43.375						53.375							96.75	
08/22																		
08/23				42.625													96	
08/24				41.625						51.875						93.5		
08/25																		

表 10-12-2　将手稿图以美国钢铁为例转化，并以此绘制波浪图

日期	星期	美国钢铁	次级反弹	自然反弹	上升趋势	下降趋势	自然回调	次级回调	关键点
		灰字	灰字	灰字	黑字	红字	灰字	灰字	下划线
		43.25							转折
		50.875							转折
1939/07/17	星期一	50.75	50.75						
1939/07/18	星期二	51.875		51.875					
1939/07/21	星期五	52.5		52.5					
1939/07/22	星期六	54.125			54.125				
1939/07/25	星期二	55.125			55.125				最高
1939/08/04	星期五	49.5					49.5		
1939/08/07	星期一	49.25					49.25		
1939/08/10	星期四	47.75					47.75		
1939/08/11	星期五	47					47		
1939/08/17	星期四	46.5					46.5		
1939/08/18	星期五	45					45		
1939/08/21	星期一	43.375					43.375		
1939/08/23	星期三	42.625				42.625			
1939/08/24	星期四	41.625				41.625			最低

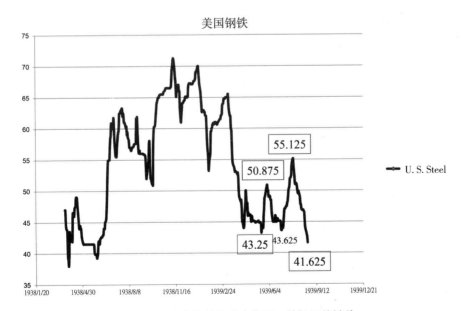

图 10-12　手稿表格转换成走势图，并标示关键价

图表十三

1939 年 8 月 29 日，将美国钢铁和伯利恒钢铁的价格记录在自然反弹栏。参考规则 6（d）。

9 月 2 日，将美国钢铁和伯利恒钢铁的价格记录在上升趋势栏，因为它们的价格都高于上升趋势栏内先前记录的最后价格。

9 月 14 日，将美国钢铁和伯利恒钢铁的价格都记录在自然回调栏。参考规则 6（a）和 4（a）。

9 月 19 日，将美国钢铁和伯利恒钢铁的价格都记录在自然反弹栏。参考规则 6（d）和 4（b）。

9 月 28 日，将美国钢铁和伯利恒钢铁的价格都记录在次级回调栏。参考规则 6（h）。

10 月 6 日，将美国钢铁和伯利恒钢铁的价格都记录在次级反弹栏。参考规则 6（g）。

美国钢铁

★下降趋势栏有两个关键点分别是 $43\frac{1}{4}$ 和 $41\frac{5}{8}$，上升趋势栏有一个关键点是 $55\frac{1}{8}$。本页的第一个数字填入在自然反弹栏，数字是 48。

伯利恒钢铁

★下降趋势栏有一个关键点是 $50\frac{1}{4}$，上升趋势栏有一个关键点是 $65\frac{3}{4}$，自然回调栏有一个关键点是 $51\frac{7}{8}$。本页的第一个数字填入在自然反弹栏，数字是 $60\frac{1}{2}$。

关键价

★下降趋势栏有两个关键点分别是 $93\frac{7}{8}$ 和 $93\frac{1}{2}$，上升趋势栏有一个关键点是 $120\frac{7}{8}$。本页的第一个数字填入在自然反弹栏，数字是 $108\frac{1}{2}$。

表 10-13-1　海报图表十三

时间	次级反弹	自然反弹	上升趋势	下降趋势	自然回调	次级回调	次级反弹	自然反弹	上升趋势	下降趋势	自然回调	次级回调	次级反弹	自然反弹	上升趋势	下降趋势	自然回调	次级回调
	灰字	灰字	黑字	红字	灰字	灰字	灰字	灰字	黑字	红字	灰字	灰字	灰字	灰字	黑字	红字	灰字	灰字
			43.25						50.25							93.875		
		55.125						65.75							120.875			
			41.625							51.875						93.5		
1939			美国钢铁						伯利恒钢铁						关键价格			
08/26																		
08/28																		
08/29		48						60.5						108.5				
08/30																		
08/31																		
09/01		52						65.5						117.5				
09/02			55.25						70.375						125.625			
09/05			66.875						85.5						152.375			
09/06																		
09/07																		
09/08			69.75						87						156.75			
09/09			70						88.75						158.75			
09/11			78.625						100						178.625			
09/12			82.75												182.75			
09/13																		
09/14				76.375						91.75						168.125		
09/15																		
09/16				75.5						88.375						163.875		
09/18				70.5						83.75						154.25		
09/19		78						92.375						170.375				
09/20	80.625						95.625						176.25					
09/21																		
09/22																		
09/23																		
09/25																		
09/26																		
09/27																		
09/28					75.125						89						164.125	
09/29					73.5						86.75						160.25	
09/30																		
10/02																		
10/03																		
10/04					73						86.25						159.25	
10/05																		
10/06	78.5						92.75						171.25					
10/07																		

表 10-13-2　将手稿图以美国钢铁为例转化，并以此绘制波浪图

日期	星期	美国钢铁	次级反弹 灰字	自然反弹 灰字	上升趋势 黑字	下降趋势 红字	自然回调 灰字	次级回调 灰字	关键点 下划线
		55.125							转折
		41.625							最低
1939/08/29	星期二	48		48					
1939/09/01	星期五	52		52					
1939/09/02	星期六	55.25			55.25				
1939/09/05	星期二	66.875			66.875				
1939/09/08	星期五	69.75			69.75				
1939/09/09	星期六	70			70				
1939/09/11	星期一	78.625			78.625				
1939/09/12	星期二	82.75			82.75				最高
1939/09/14	星期四	76.375				76.375			
1939/09/16	星期六	75.5				75.5			
1939/09/18	星期一	70.5				70.5			转折
1939/09/19	星期二	78		78					
1939/09/20	星期三	80.625		80.625					
1939/09/28	星期四	75.125						75.125	
1939/09/29	星期五	73.5						73.5	
1939/10/04	星期三	73						73	
1939/10/06	星期五	78.5	78.5						

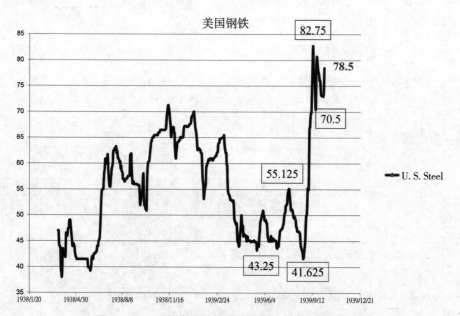

图 10-13　手稿表格转换成走势图，并标示关键价

图表十四

1939 年 11 月 3 日，将美国钢铁的价格记录在次级回调栏，因为其价格低于该栏内先前记录的最后价格。

11 月 9 日，在美国钢铁的自然回调栏内画一条横线，因为其价格和自然回调栏内先前记录的最后价格相同。同一天，将伯利恒钢铁的价格记录自然回调栏，因为其价格低于该栏内先前记录的最后价格。

美国钢铁

★上升趋势栏有一个关键点是 $82\frac{3}{4}$，自然回调栏有一个关键点是 $70\frac{1}{2}$，自然反弹栏有一个未划线的数字是 $80\frac{5}{8}$，次级回调栏有一个未划线的数字是 73，次级反弹栏有一个未划线的数字是 $78\frac{1}{2}$。本页的第一个数字填入在次级反弹栏，数字是 $78\frac{7}{8}$。

伯利恒钢铁

★上升趋势栏有一个关键点是 100，自然回调栏有一个关键点是 $83\frac{3}{4}$，自然反弹栏有一个未划线的数字是 $95\frac{5}{8}$，次级回调栏有一个未划线的数字是 $86\frac{1}{4}$，次级反弹栏有一个未划线的数字是 $92\frac{3}{4}$。本页的第一个数字填入在次级回调栏，数字是 $86\frac{1}{8}$。

关键价

★上升趋势栏有一个关键点是 $182\frac{3}{4}$，自然回调栏有一个关键点是 $154\frac{1}{4}$，自然反弹栏有一个未划线的数字是 $176\frac{1}{4}$，次级回调栏有一个未划线的数字是 $159\frac{1}{4}$，次级反弹栏有一个未划线的数字是 $171\frac{1}{4}$。本页的第一个数字填入在次级反弹栏，数字是 $172\frac{3}{4}$。

表 10-14-1　海报图表十四

时间	次级反弹	自然反弹	上升趋势	下降趋势	自然回调	次级回调	次级反弹	自然反弹	上升趋势	下降趋势	自然回调	次级回调	次级反弹	自然反弹	上升趋势	下降趋势	自然回调	次级回调
	灰字	灰字	黑字	红字	灰字	灰字	灰字	灰字	黑字	红字	灰字	灰字	灰字	灰字	黑字	红字	灰字	灰字
			82.75						100						182.75			
				70.5						83.75						154.25		
		80.625						95.625						176.25				
					73						86.25						159.25	
	78.5						92.75						171.25					
1939			美国钢铁						伯利恒钢铁						关键价格			
10/09																		
10/10																		
10/11																		
10/13																		
10/14																		
10/16																		
10/17	78.875						93.875						172.75					
10/18	79.25												173.125					
10/19																		
10/20																		
10/21																		
10/23																		
10/24																		
10/25																		
10/26																		
10/27																		
10/28																		
10/30																		
10/31																		
11/01																		
11/02																		
11/03					72.5													
11/04																		
11/06																		
11/08					72.125						86.125						158.25	
11/09				——						83.25						153.75		
11/10				68.75						81.75						150.5		
11/13																		
11/14																		
11/15																		
11/16																		
11/17																		
11/18																		
11/20																		
11/21																		
11/22																		

表 10-14-2　将手稿图以美国钢铁为例转化，并以此绘制波浪图

日期	星期	美国钢铁	次级反弹 灰字	自然反弹 灰字	上升趋势 黑字	下降趋势 红字	自然回调 灰字	次级回调 灰字	关键点 下划线
		<u>82.75</u>							最高
		80.625							转折
1939/10/17	星期二	78.875	78.875						
1939/10/18	星期三	79.25	79.25						
1939/11/03	星期五	72.5						72.5	
1939/11/08	星期三	72.125						72.125	
1939/11/10	星期五	68.75					68.75		最低

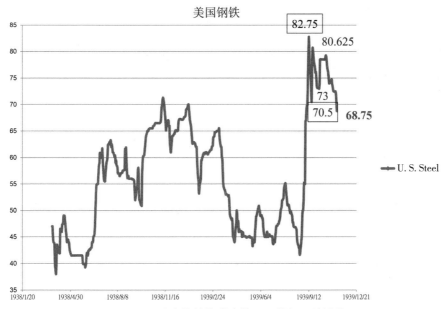

图 10-14　手稿表格转换成走势图，并标示关键价

图表十五

1939 年 11 月 24 日，将美国钢铁的价格记录在下降趋势栏。参考规则 6（e）。

11 月 25 日，将伯利恒钢铁的价格记录在下降趋势栏。参考规则 6（e）。

12 月 7 日，将美国钢铁和伯利恒钢铁的价格都记录在自然反弹栏。参考规则 6（c）。

美国钢铁

★上升趋势栏有一个关键点是 82 $\frac{3}{4}$，自然回调栏有一个关键点是 70 $\frac{1}{2}$，自然反弹栏有一个未划线的数字是 80 $\frac{5}{8}$，自然回调栏有一个未划线的数字是 68 $\frac{3}{4}$。本页的第一个数字填入在下降趋势栏，数字是 66 $\frac{7}{8}$。

伯利恒钢铁

★上升趋势栏有一个关键点是 100，自然回调栏有一个关键点是 83 $\frac{3}{4}$，自然反弹栏有一个未划线的数字是 95 $\frac{5}{8}$，自然回调栏有一个未划线的数字是 81 $\frac{3}{4}$。本页的第一个数字填入在下降趋势栏，数字是 81。

关键价

★上升趋势栏有一个关键点是 182 $\frac{3}{4}$，自然回调栏有一个关键点是 154 $\frac{1}{4}$，自然反弹栏有一个未划线的数字是 176 $\frac{1}{4}$，自然回调栏有一个未划线的数字是 150 $\frac{1}{2}$。本页的第一个数字填入在下降趋势栏，数字是 147 $\frac{7}{8}$。

表 10-15-1　海报图表十五

时间	次级反弹	自然反弹	上升趋势	下降趋势	自然回调	次级回调	次级反弹	自然反弹	上升趋势	下降趋势	自然回调	次级回调	次级反弹	自然反弹	上升趋势	下降趋势	自然回调	次级回调
	灰字	灰字	黑字	红字	灰字	灰字	灰字	灰字	黑字	红字	灰字	灰字	灰字	灰字	黑字	红字	灰字	灰字
			82.75						100						182.75			
				70.5						83.75						154.25		
		80.625						95.625						176.25				
				68.75						81.75						150.5		
1939			美国钢铁						伯利恒钢铁						关键价格			
11/24				66.875						81						147.875		
11/25										80.75						147.625		
11/27																		
11/28																		
11/29				65.875						78.125						144		
11/30				63.625						77						140.625		
12/01																		
12/02																		
12/04																		
12/05																		
12/06																		
12/07	69.75						84						153.75					
12/08																		
12/09																		
12/11																		
12/12																		
12/13																		
12/14								84.875						154.625				
12/15																		
12/16																		
12/18																		
12/19																		
12/20																		
12/21																		
12/22																		
12/23																		
12/26																		
12/27																		
12/28																		
12/29																		
12/30																		
1940																		
01/02																		
01/03																		
01/04																		
01/05																		
01/06																		

表 10-15-2 将手稿图以美国钢铁为例转化，并以此绘制波浪图

日期	星期	美国钢铁	次级反弹	自然反弹	上升趋势	下降趋势	自然回调	次级回调	关键点
		灰字	灰字	灰字	黑字	红字	灰字	灰字	下划线
		<u>82.75</u>							最高
		70.5							转折
1939/11/24	星期五	66.875				66.875			
1939/11/29	星期三	65.875				65.875			
1939/11/30	星期四	<u>63.625</u>				63.625			最低
1939/12/07	星期四	<u>69.75</u>		69.75					次低

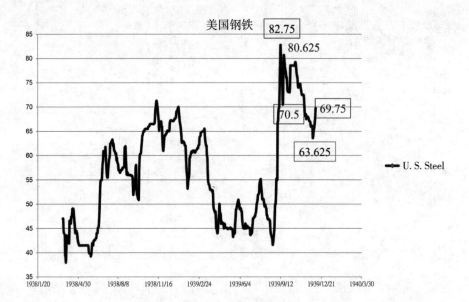

图 10-15 手稿表格转换成走势图，并标示关键价

图表十六

1940年1月9日，将美国钢铁和伯利恒钢铁的价格记录在自然回调栏。参考规则6（b）。

1月11日，将美国钢铁和伯利恒钢铁的价格记录在下降趋势栏，因为它们的价格都低于下降趋势栏内先前记录的最后价格。

2月7日，将伯利恒钢铁的价格记录在自然反弹栏，这时该股票第一次反弹的幅度达到了要求的6点。次日，除了伯利恒钢铁和关键价格，美国钢铁的反弹幅度也达到了适当的距离，因此可记录在自然反弹栏。

美国钢铁

★下降趋势栏有一个未划线的数字是 $63\frac{5}{8}$，自然反弹栏有一个未划线的数字是 $69\frac{3}{4}$。本页的第一个数字填入在自然回调栏，数字是 $64\frac{1}{4}$。

伯利恒钢铁

★下降趋势栏有一个未划线的数字是77，自然反弹栏有一个未划线的数字是 $84\frac{7}{8}$。本页的第一个数字填入在自然回调栏，数字是 $78\frac{1}{2}$。

关键价

★下降趋势栏有一个未划线的数字是 $140\frac{5}{8}$，自然反弹栏有一个未划线的数字是 $154\frac{5}{8}$。本页的第一个数字填入在自然回调栏，数字是 $142\frac{3}{4}$。

表 10-16-1　海报图表十六

时间	次级反弹	自然反弹	上升趋势	下降趋势	自然回调	次级回调	次级反弹	自然反弹	上升趋势	下降趋势	自然回调	次级回调	次级反弹	自然反弹	上升趋势	下降趋势	自然回调	次级回调
	灰字	灰字	黑字	红字	灰字	灰字	灰字	灰字	黑字	红字	灰字	灰字	灰字	灰字	黑字	红字	灰字	灰字
				63.625						77						140.625		
		69.75						84.875						154.625				
1940			美国钢铁						伯利恒钢铁						关键价格			
01/08																		
01/09				64.25						78.5						142.75		
01/10				63.75												142.25		
01/11				62						76.5						138.5		
01/12				60.125						74.125						134.25		
01/13				59.625						73.5						133.125		
01/15				57.5						72						129.5		
01/16																		
01/17																		
01/18				56.875						71.5						128.375		
01/19										71						127.875		
01/20																		
01/22				55.875						70.125						126		
01/23																		
01/24																		
01/25																		
01/26																		
01/27																		
01/29																		
01/30																		
01/31																		
02/01																		
02/02																		
02/03																		
02/05																		
02/06																		
02/07								76.375										
02/08		61						78						139				
02/09		61.75						79.5						141.25				
02/10																		
02/13																		
02/14																		
02/15																		
02/16					56.125													
02/17																		
02/19																		

表 10-16-2　将手稿图以美国钢铁为例转化，并以此绘制波浪图

日期	星期	美国钢铁	次级反弹 灰字	自然反弹 灰字	上升趋势 黑字	下降趋势 红字	自然回调 灰字	次级回调 灰字	关键点 下划线
		63.625							转折
		69.75							最高
1940/01/09	星期二	64.25					64.25		
1940/01/10	星期三	63.75					63.75		
1940/01/11	星期四	62				62			
1940/01/12	星期五	60.125				60.125			
1940/01/13	星期六	59.625				59.625			
1940/01/15	星期一	57.5				57.5			
1940/01/18	星期四	56.875				56.875			
1940/01/22	星期一	55.875				55.875			最低
1940/02/08	星期四	61		61					
1940/02/09	星期五	61.75		61.75					
1940/02/16	星期五	56.125					56.125		

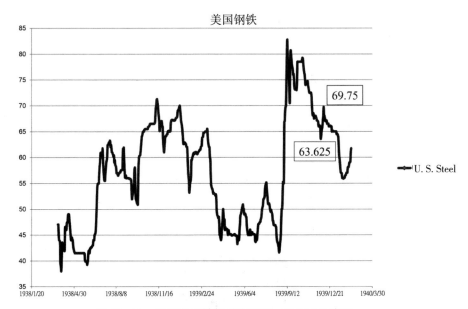

图 10-16　手稿表格转换成走势图，并标示关键价

本章操盘术

利弗莫尔谈到各式各样的关键操盘术，有三个重点：

（1）关键点可以依规则找出来，但被启动的关键点是否能成功引发一段像样的行情，这个要个案观察，并靠独立思考、主观判断。它没有固定法则。

（2）依据判断的结果，进场执行之后，还要紧盯市场是否如您预期的。若不如预期，应立刻退场。

（3）交易记录里，有客观的部分，也有主观的部分。您应该要分得清楚哪些是客观的、哪些是主观的。主观的部分还有弹性。

他谈到的重点是：想要建构操盘系统，您得先清楚交易过程中，您决策的参考哪些是客观的、哪些是主观的。看清这两个方向，不管是建构还是改善操盘系统，您才能走在对的方向并随着操盘经验值增加而改善。

只要您交易的时间够久，就能明白，交易过程中，的确是需要规则来帮您达到交易安全，控制风险。您更应知道哪里是无法直接套用规则，需要自己研判。所以您的操盘术，应包括追踪个股、价格走势、该股与大盘的关系、下单准则、退场机制，以及足以供您日后检讨的记录，等等。随着自己的交易经验提升，把记录的规格，不断地调整到自己用起来更得心应手，能真正助您赚到钱。若您是这样处理您的操盘系统，就会有勇气去执行。当您勇于运用自己建构的规则"有机会就试，错了就止损，对了就持仓，并持续加码"的状态时，恭喜您，您已经拥有属于自己的赚钱操盘术了。

【详细解读与分析，请看齐克用《股票大作手操盘术（全译注解版）》】

扫码观看，齐克用讲解操盘案例六栏记录手稿

《股票大作手回忆录》

（舵手精译版）

完整呈现畅销书作者埃德温·勒菲弗的百年经典版本

齐克用翻译注入灵魂，4 张思维导图再现利弗莫尔非凡人生

书号：978-7-203-13379-7
定价：49.80 元

《一本书读懂大作手利弗莫尔》

资金管理与情绪管理的关键就是人性

一本书读懂"投机大师"利弗莫尔起死回生的经典战役

本书即将于 2024 年 10 月出版，另有如下图书陆续出版，敬请关注：

《股票大作手 17 堂操盘课》齐克用 / 著

《股票大作手手稿解密》齐克用 / 著

《股票大作手交易方法》齐克用 / 著